茶の文化史

神話の世界から五感の世界へ

孔 令敬

鷗出版

写真提供……宝迫典子・佐々木真弓・山本和恵・土井秀夫・横山透・斯文会

まえがき

ＮＨＫブックス『中国茶・五感の世界―その歴史と文化』が２００２年に上梓されてから早くも19年が経っている。６年後の２００８年に茶を愛好する同志と「茶友の会」を発足させ、仲間一同で茶会やセミナーの開催など茶文化の普及と交流に努め、その活動も今年で13年目に入る。

これらの活動と今から10年ほど前に出会ったトーアン族の創世神話「ダグダガゴライビョー」の和訳作業を通して、改めて茶文化の奥深さを感じた。

茶は、その長い歴史の中で神話、科学、思想、文学、宗教などと結びつき、飲料として史上類がない華やかでダイナミックな世界を築き上げた。その歴史の第一歩を歩みだしたのは、まさに「ダグダガゴライビョー」に代表される神話ではなかろうか。神話は民族文化の記憶として、喫茶の起源を探る際に、多くのヒントを与えてくれる。２年の歳月をかけて和訳した「ダグダガゴライビョー」を巻末に付した。「茶の子孫」を自称するトーアン族の広大な世界観を感じ取っていただきたい。

今回の改訂にあたって、特にトーアン族の創世神話を中心に加筆し、そのほかにリライトした部分は新たな資料と知見に基づいている。また読者が読みやすいように用字用語も見直した。

本書は学術論文ではないため、掘り下げた論述をしていない。茶の文化史への誘いの書として読んでいただければ幸いである。

目次

序　人はなぜ茶を飲むのか

商品化されていないものも含めて、世の中には数多くの製茶がある。飲んだことのないもの、ひいては名前さえ知らないものなど、その種類は数え切れない。近年、製茶メーカーと茶商は次々と新商品を出して、現代人の茶に対する関心を引いたり、その需要に応えようとしているのである。

では、なぜ人々はこんなに茶に愛着を感じているのか。それより前に、なぜ人間は茶を飲むのかを考える必要があるのではないだろうか。動物なら水だけがあればいいのであって、それ以上のものを自主的に求めないのである（種によっては与えられれば飲むものもあるが）。広義的には人間も動物であるが、人間という動物は水以外に茶を含む様々な飲み物を飲んでいるのである。茶に限っていえば、明らかに生命を維持するために水分を摂るという生理的範疇を超えて、精神的、文化的に求められているのである。

ここでいう茶は、「チャ」という植物から採った葉を製した飲み物を指している。チャ（カメリア・シネンシス Camellia sinensis）は植物学的にはツバキ科（Theaceae）のツバキ属（Camellia）に属する被子植物である。チャについてその原種が何かは定かでないが、近縁にあたるツバキ科の厚皮香属（Terotraemia）は、1億4千万年前から6千500万年前まで続いた白亜紀に起源をもつといわれている。その他のツバキ科植物は、6500万年前から現在に至る新生代の、第三紀に入ってから繁茂しはじめ、多くの変種を生み出した。

ツバキ科は亜熱帯の植物であり、地球上のすべての陸地が一つにまとまったパンゲア大陸が分裂した後、ゴンドワナ大陸と分離したローラシア大陸の熱帯・亜熱帯地域に広く分布していた。

1700万年前から始まる第四紀から地球は氷河期に入り、数多くの植物が絶滅したが、中国西南地域の四川省南部・雲南省・貴州省南部と北部の盆地や峡谷など、暖かい所に生長していたツバキ科植物はこうむった被害が小さく、その多くが生き残った。

ツバキ科の植物は、現在世界的に合わせて30属、500余種が確認されている。その中の15属が四川・雲南・貴州の各省に生育している。チャが直接属しているツバキ属は約280余種が数えられ(茶の原種になるものもあるだろう)、その中の60余種がこの地域で見つかった。この地域に自生している原生茶樹は各地で報告されている。その中には樹齢千年以上の大茶樹もある。

しかし、これほどあるツバキ科の植物の中で飲用または食用として利用されているのはツバキ属のわずかな種である。例えば、280余種の中で東アジアや東南アジア、インド亜大陸の北東部などに分布しているチャ(中国変種とアッサム変種)だけが日常的に食用と飲用に供されている。

チャは他のツバキ属の植物と比べてカフェインの含有量が多く(注1)、その薬用性に古代の人はいち早く目を付けたのであった。

敦煌から出土した古文献に、唐の郷貢進士（州県の長官によって中央官吏採用のために地元から選抜された者）王敷《おうごう》が書いた「茶酒論」という戯文が収録されている。茶と酒でどっちが偉いかについて論争した内容で、茶が酒に向かって次のように言い切る節がある。

茶謂酒曰、我之茗草、萬木之心、或白如玉、或黄似金。名僧大徳、幽隠禪林。飲之語話、能去昏沉。供養彌勒、奉獻觀音。千劫萬劫、諸佛相欽。酒能破家敗宅、廣作邪淫、打卻三盞之後、令人只是罪深。

（訳）

茶は酒に曰く、我が茶は万木の心なり。白玉のごとき清らかな花片と黄金のごとき煌く花芯を持つ。昏迷を取り除き、頭脳を明晰にさせる。禅林の名僧と隠居する仁徳はみな愛飲し、弥勒様と観音様に捧げられ、諸仏に未来永劫に飲まれていくのであろう。一方、酒は身を誤らせ、家庭を滅ぼし、邪淫を広め、まさしく罪深きものなり。

茶が言った「昏迷を取り除き、頭脳を明晰にさせる」は、まさしくカフェインのはたらきであろう。カフェインには中枢神経を興奮させる覚醒作用や強心作用、また利尿作用があることは現代では医学的に立証されている。古代中国人は直感的、実証的にそれを知っていたのである。本書の第一章に出てくる農業の神と崇《あが》められる神農に関する伝説もそうであったように、茶のこれらの薬効性は主に生活の実践の中で確認された。それから、時代が下って紀元前300年ごろになると、その時代に芽生えた五行説（注2）と古くから伝わった陰陽説（注3）が一体となった自然哲学が生まれ、それによって茶の薬用性は理論化されていくことになる。

陰陽五行の考えに基づけば、茶は味が苦く寒性に属する植物となる。苦味は心臓を強くし、眠気を覚まし、寒性のものはのぼせに効き、利尿効果があると考えられていた（こうした薬効には現代医学でカフェインやタンニンなどが作用しているとする）。

例えば、本書の第二章にも引用される唐の薬理の専書『唐本草《ほんぞう》』（注4）には、茶の薬理作用について次のように書かれている。

茗味甘苦。微寒無毒。主瘻瘡。利小便。去痰熱渇。令人少睡。

（訳）
茗《めい》は味が苦甘く、弱い寒性のもので無毒である。瘻瘡《ろうそう》に効き、小便を利する。痰を切り、ほてりを鎮め、渇きを癒す。人の睡眠を少なくさせる。

茗とは、遅い時期に採った茶のことで、日本人が魚の成長によって異なる呼び名を付けているように、古代中国人も採集時期によって茶を呼び分けていた。茶は成長段階に応じてカフェインなどの成分が増減し、口当たりも違ってくるので、昔から薬用のほかに飲用、また食用とされ、様々な用途に使われている。しかし、古代人から現代人まで、茶が他の植物より幅広く求められているのは『茶酒論』で述べられた「昏迷を取り除き、頭脳を明晰《めいせき》にさせる」という一点にあるといえよう。茶がもたらす心身の高揚感こそ人々に愛されるゆえんであるに違いない。

注1：（p8）カフェインが含有されているのはチャのみと考えられてきたが、最近ではその他のツバキ属もわずかながらカフェインを含有しているものがあると分かった。

注2：（p10）古代中国人の世界観によれば、世の万物は木火土金水の五つの元素から構成され、その相互作用の上に成り立っている。

注3：（p10）宇宙は陰と陽の二つの属性を持つ気の生成消滅によって起こるという説。

注4：（p10）現在まで伝えられている最古の本草は、1世紀ごろに成立した『神農本草経』である。

第一章　神話と伝説

中国浙江省・天台山葛仙茗圃

1　トーアン族の創世神話

中国の西南地域の四川省南部や雲南省、貴州省にある、盆地や峡谷が茶樹の原生地であれば、当然ながら茶文化の大河の源流もそこにある。しかし茶葉を利用する歴史は、どこまでさかのぼれるかはわからない。何せ文字による記録は茶文化が漢字圏に入ってからのことだからである。従って、それ以前の歴史は、口承で伝えられた神話や伝説で垣間見ることしかできない。

中国西南地域には前史時代から、昔はポンロン、今はトーアンと呼ばれる民族がいる。現在はミャンマーと接する雲南省徳宏《とっこう》傣《タイ》族景頗《ジンポー》族自治州に住んでいるが、彼らの祖先は何千年も前から雲南を中心に西南地域の全域に渡って活動していた。一例を挙げれば、『三国志』に蜀の宰相である諸葛《しょかつ》孔明《こうめい》が雲南で反乱を起こした孟獲《もうかく》（注1）を討伐する話がある。孟獲は孔明に捕らえられた後、その寛大な待遇に感銘し、配下を率いて帰順したことになるが、その孟獲は史書に出てくる「蒲《ほ》人」（または濮《ぼく》人）の首領であった。史学者の間では蒲人は今のトーアン族とプーラン族及びワ族の共通した祖先であると見られている。

トーアン族は中国で自他ともに認められている、最も古くから茶を利用した民族である。彼らと茶との関係については、代々、歌の形で口承されている『ダグダガゴライビョー』（祖先の古い伝説）という神話譚が端的に物語っている。この歌の中で、トーアン族の祖先は天上にある一本の茶の木から生まれたと詠《うた》われている。

昔々、この地上には人間はおろか、動物も植物も存在しておらず、荒れ果てた地上には雷がゴロゴロと鳴り響き、強風がびゅうびゅうと吹くばかりだった。そのころ、天上界には茶の木があり、翡翠《ひすい》のようなみずみずしい茶葉が豊かに茂っていたのであった。太陽の光は天上の茶の実をキラキラと輝かせ、美しい茶の花を照らし、月も星々も豊かな茶葉を茂らせている茶の木を祝福して優しく微笑みかけていた。天上界では、茶葉の緑と雲の白と夕焼けの赤が、華やかに織り成されていたのである。天空には生命があり、向かい合った地上はただただ荒れ果てている。そのことに、茶の兄弟姉妹たちは悩んだ。悩み続けて、三百六十五年が過ぎた。茶の兄弟姉妹たちが悩んだあげく、葉を枯らし、枝をやつれさせたとき、ついに大いなる神、パダゼンが姿を現した。茶の兄弟姉妹たちのなかの、一本のか弱い茶の木が立ち上がり、至上神に決意を語った。荒れ果てた地上に降りて豊かな世界を作りたい、その目的のためになら、どのような試練にも耐えていこうと。

パダゼンは会心の笑みを浮かべながら、さらにその決意を試して聞いたのであった。本当に覚悟ができたのか。地上には万難が待ち構えていて、天上の快楽と安寧は望めない。一万と一本の氷河が漂流し、一万と一山の火山が噴火し、一万と一匹の怪獣が暴れまわっているのだからと。

若い茶の木は心を決めて言った。尊敬するわが神様よ、私が下界に降りるために、どうかお手をお貸しくださいませと。すると、そのとたんに一陣の強風が吹きつけて、若き茶の木の体を切り裂いた。雷がゴロゴロと鳴り響き、天門が割れた瓢箪《ひょうたん》のようになって、飄々《ひょうひょう》とした百二枚の茶葉が大地に舞い降りていった。片々たる茶葉は吹きすさぶ風に揉みに揉まれて、単葉が五十と一人のたくましい若者に変身し、複葉が二十五組と一人の美しい娘に姿を変えた。

地上を目指した茶の兄弟姉妹たちの前に最初に立ちはだかったのは大洪水であった。疾風に飛ばされ、渦巻く砂塵に包まれ、体をぐるぐると振り回されて暗黒の世界をさまよいながら、百人と二人の少年少女はどん底に落ちていった。悲痛な泣き叫びを聞いて、天界の親族が助けにきた。太陽と月があたりを照らし、星々も手をつないで茶の子たちを地上へと導いた。そして、ようやく地上に降りたとき、兄弟姉妹は抱き合って喜び、うれし涙をぼろぼろと落とした。その涙の一滴一滴が無数の小川となり、やがて滔々《とうとう》たる大河に変わって、止めようにも止められないその流れは、地上の荒野を見る見る波打つ海原に変えた。茶の兄弟姉妹たちは、吹きまくる強風に身をゆだねながら、陸地を探して旅を続けた。幾年も歳月が過ぎ、太陽も月も満天の星々も疲れ果てて光を失い、百人と二人の茶の兄弟姉妹は暗闇の海をさまよいながら、必死に助けを求めて叫び声を上げげた。その声が蒼穹《そうきゅう》を震わせた。びっくりした星々は目を見張り、月と太陽は飛び上がった。そこで、天上の神は順番に明かりをつけるように決めた。臆病な妹の太陽は昼間を照らし、たくましい兄の月は弟たちの星々を連れて夜な夜な世界を守り続けることになって、夜と昼は分かれるようになった。

陽光が大地を暖め、明るい世の中になったが、洪水の怪獣は荒れ狂い、すべてを飲み込もうとしていた。茶の子たちは助けを求め、その叫び声が至上神パダゼンの耳に届いた。神は足を伸ばして大地を切り裂き洪水を地下に吸い込ませ、風神を呼びつけて茶の子たちに百万力を与えた。そこで、茶の子は茶葉を九万九千九百尺積み重ねて、その重みで天門を押し開けると、疾風の戦車を御して出陣した。大軍のおもむくところでは洪水は引き上げ、怪獣は消え去った。地上にはかぐわしい肥沃《ひよく》な土地と無尽蔵の宝の山々が現れた。茶の子の兄弟姉妹は軽やかな踊りと荒野に響き渡る歌声で苦難を乗り越えた喜びを表した。すると、神のパダゼンがいさめて言った。地上の国には大地が生まれたが、東西南北の方角がなく、四季の移り変わりもなく、山と川と平野と峡谷の別もなく、神々が下界に降りたときに冷水浴をする湖もないではないかと。神の叱咤で我に返った茶の子たちは歌と踊りをやめて、天上に戻ることになった。帰郷の旅は苦難に満ちていた。棒になった足を引きずりながら、一歩また一歩と西方の蒼天を目指した。途中から兄弟たちがバタバタと倒れ、姉妹たちははらはらと乱れ落ちて、天門に至る道が可憐哀れな茶の落ち葉に覆い尽くされた。そのときから、茶の落ち葉が地上の国々の九つの海と十八の湖に生まれ変わり、滴り落ちた茶の子の涙が、広がる大地を流れる千本の大河と一万本の小川となった。薄く積もったところが野原となり、厚く積もったところは連綿たる山脈となり、世界の屋根ヒマラヤ山が、ひときわ高く積もった西の端にできたのである。

しかし、天上に戻った茶の子たちが下を見下ろすと、下界では四匹の魔物が暴れ狂い、生まれたばかりの新生の大地を踏みにじっているのが見えた。兄弟姉妹は手を取り合って立ち上がり、地上に降りて妖魔と戦った。熾烈《しれつ》な戦いが繰り広げられている中で、兄弟たちは魔物が撒《ま》き散らした悪疫の菌と猛毒を浴びて倒れてしまい、姉妹たちは止むを得ず天上に逃げ帰り、月の神から銀の弓を、太陽神から金の矢を、星々から無数の光の芒《のぎ》を貰《もら》い受けた。そして神風の力を借りた姉妹たちは、天兵の軍団を従えて戦場に突き進んだ。天上の神々とともに妖魔を倒した姉妹たちは兄弟たちをやさしく介抱し、けがを治していく。そのうちに、倒された妖魔は復活し、またも地上で暗黒の魔風を巻き起こした。回復した兄弟は地上で応戦し、姉妹たちは天上から助勢して、三万年を戦い抜いた末に、やっと一匹の魔物を粉々にした。残りの魔物を全部退治するのには十五万年もかかった。兄弟たちは地面に墓穴を掘り、姉妹たちは魔物の砕けたむくろを葬った。地上の戦場が魔物の死骸で染められて、五色の土壌を持つ大地となったのである。

虹色の雲が姉妹たちを乗せて自由に大空を飛び回った。地上では兄弟たちは羽織もなく袴もない。勝ち取った大地も荒れた地肌を無残に剥きだしていた。いかにして地上の国々にも、天上の世界のように色鮮やかな衣装を着せられるか。茶の子たちは悩みに悩んだ結果、天上の神に知恵を借りることにした。叡智のパダゼンは言った。自分の身を打ち捨てれば、荒れ地も春爛漫な田園になると。その一言に悟りを開いた兄弟たちは体の肉を切り落とし、姉妹たちは皮膚を剥《は》ぎとって大地に撒いた。すると、肉が大樹となり、皮膚が草となり、皮膚と肉を繋《つな》ぐ血管が幾千本の長い蔓《つる》となった。そうして、姉妹たちは空を飛び続け、兄弟たちは限なく大地を歩きまわった。茶の子たちは自分の体を削って見渡す限りの緑を織り出し、活気あふれる植物を生み出したのだ。そして、自分たちに白色だけを残して百花に色とりどりの色彩を与え、苦くて渋い味を残して甘美な味を諸々の他の植物に譲った。百花繚《りょう》乱《らん》の山奥で質素な色と平凡な姿の茶の木は、浅緑の萼《がく》と黄色の花芯、真っ白で清らかな花弁を早春の風に揺《ゆ》すらせていた。

こうして茶の子は自分たちでつくった平和な世界で自由自在に暮らした。そして九万年が経った。ある日黒い風が吹きまくり、幸せな兄弟姉妹を引き裂いた。姉妹たちは空高く巻きあげられ、兄弟たちは地面に叩きつけられて、引き離されてしまった。雲の上から姉妹たちの涙雨が降りしきり、地上では兄弟たちが切ない眼差しでいつまでも天上を見つめていた。離れ離れになった兄弟姉妹の哀願に心を打たれたパダゼンは天門を出て、茶の子たちに、天地をつなぐ道が九十九本もあるのに、怠け者は無策を嘆《なげ》くだけだと諭した。神の御言葉を聞いて迷いが覚めた茶の子の兄弟姉妹は、一万年の間にさまざまな方法を試したが、みな徒労に終わった。疲れ果てた兄弟たちは木陰に入り、休みを取ることになった。そのとき、末っ子のダーレンが林に生えている蔓を取って投げ輪を作り、気張らしに輪投げをしていた。。輪投げをしているうちに、蔓の輪がだんだん遠く、だんだん高く飛んで、とうとう流雲に届き、一番下の妹のアーレンを捉えた。再会の歓声に兄たちが気づき、みな樹木にまとわる蔓を切り取り、輪を作って空に向けて投げ上げた。すると、五十個の蔓の輪が繋がり、天と地をまたがる架け橋となった。地上の五十人の勇者が腕を大きく広げて、五十人の天女を迎えた。再会を果たした兄弟と姉妹たちは粘土を捏《こ》ね上げて、ちぎっては河川という河川に撒き、山林という山林に撒いた。谷川に落ちた粘土が幾千万の魚介となり、山野に落ちた粘土が幾千万の動物となり、森林に落ちた粘土は幾千万の鳥類となった。百獣は茶の子たちを囲んで踊りだし、百鳥は茶の子たちを回って飛びながら歌いはじめた。兄弟姉妹も歌と踊りで生命にあふれた緑の大地を謳歌した。しかし、踊りと歌に夢中になった姉妹たちはついに腰にはめていた蔓の輪を外してしまい、たちまち一陣の清い風にふわりと空へ吹き上げられてしまった。ただ一人ヤーレンだけがダーレンと林の中で恋を語り合っていたため、輪を外さなかった。そのときから、五十人の少女が永遠に天上で暮らすことになった。ダーレンとヤーレンだけが相思相愛の夫婦となった。その子孫であるトーアン族の娘は今でも蔓の輪を身につける習慣を守っている。

ダーレンとアーレンは岩の洞窟を住まいにしていたが、いつの間にか子孫が増え続け、すべての洞窟はトーアン人でいっぱいになっていた。そこで、ダーレンとヤーレンは竹を家屋の骨組みにし、茅を屋根にして永住の家を建てた。森と山から動物を、水辺と草原から鳥を連れてきて飼い慣らし、家畜にした。また、植物の種を選りすぐって五穀にした。友よ、兄弟よ。祖先の創世の苦労を忘れてはならない。その御恩を世々代々讃えよう。人類が倒した魔物が河原の小石のように多く、乗り越えた苦難の数は木の葉のように数えきれない。すべての悪は個人の力では退治できず、皆が一致団結してこそ永久の平和が保たれる。世界各地には異なる穀物が育ち、異なる民族が暮らし、異なる皮膚の色をして、異なる言葉を話しているが、元をたどれば同じ祖先をもつ兄弟だ。創世の苦労を忘れさせないために皆に苦い茶をすすめよ。祖先の功績をいつまでも歌い讃えよ。茨に満ちた道も、この歌を心の奥にしまっておけば、バラ色になるのだ。

右の叙事詩を見れば、『祖先の古い伝説』はまさにトーアン族の創世神話であることがわかる。このような創世神話は、どの民族にもある。中国の女媧《じょか》による人類創造の伝説や日本の古事記、旧約聖書の創世記もそうであった。創世記の神話は往古の記憶であるという観点に立てば、その神話には多くの現実が反映されていることに気づくであろう。例えば、下半身が蛇の女媧が粘土をこねて人類をつくったという神話。この神話の背景となる場所は粘土質の土地が広がる黄河中流、下流地域である。たび重なる黄河とその支流の氾濫によってできた湿原に生息する大蛇を信仰し、トーテムとする部族がいることを彷彿させてくれる。また、神によって最初の人間であるアダムが塵《ちり》から作り出されたこと、イチジクやオリーブなどの植物が登場してくることも、旧約聖書にある神話の母胎を作ったシュメル人と、その神話を受け入れ旧約聖書に織り込ませたユダヤ人の生活環境が反映されていたのであろう。

その一方、古事記の上巻の神話を読むと、イザナギ（伊邪那岐）とイザナミ（伊邪那美）が生んだとされる大八島国（淡路島、四国、隠岐諸島、九州、壱岐、対馬、佐渡、本州）は、古代日本の民が海から上陸し、国造りの過程で次々とそれらを開拓していく姿を思い浮かべる。その中でイザナギが左目を洗って生まれたとされるアマテラスオオカミ(天照大神)はヤマト国の初代女王であったかもしれない。

このようなことは、当然ながらトーアン人の神話についてもいえる。ただ中国大陸の諸民族の創世神話に出てくる植物といえば、瓢箪と関わるものが多い（注2）中、トーアン人が自民族の起源を茶という植物に求めていることは、驚くばかりである。この神話から自らを茶の木の子孫と称しているトーアン人の、自分の文化に対する誇りや最古の茶人という自負の次元を超えて、茶は流れる民族の血であり、心であり、魂であるという宗教的な信仰に近いものを感じ取れる。茶の木は、トーアン人にとってはトーテムであり、守護神のような存在であろう。その一方で、それだけ茶の木が身近に自生するもので、茶の恩恵を日々受けていることはいうまでもない。

2　神農の伝説

前出の女媧は、中国神話に出てくる三皇五帝という8人の伝説上の帝王の、三皇（注3）の一人に数えられている。残りの二人は女媧の兄で夫でもある伏義《ふくぎ》と神農である。伏義が民に火の使い方や料理の仕方などを教えた神と崇められているように、神農も農業と漢方の神とされている。伝説では、初めて茶と出会い、それを食したのも神農であった。多くの文献に散見されている記述によれば、神農は百余種類の植物を食べ、その可食と薬効を確かめたとき、1日に70回も毒にあたったが、茶を得て解毒したという。

前漢（前208〜8）の劉安が著した『淮南子《えなんじ》』の「脩務訓《しゅうむくん》」には神農の活動が更に詳しく記されている。

古者，民茹草飲水，采樹木之實，食贏蠬之肉。時多疾病毒傷之害，於是神農乃始教民播種五穀，相土地宜，燥濕肥墝高下，嘗百草之滋味，水泉之甘苦，令民知所辟就。當此之時，一日而遇七十毒。

（訳）

昔、民は草や木の実を採ったり、生の貝などの肉を食べたり、所構わず水を飲んだりしていたので、よく中毒したり、疾病にかかったりしていた。そこで、神農は民に地味の具合や気候の乾湿を調べさせ、五穀の栽培を指導した。そのために、神農は百種類の草を嘗めて選別し、各地の水を試飲して、どの植物が食べられ、どこの水が飲めるかを教えた。一日に70回も毒にあたったことがある。

伝説である以上、その記述が誇張されている部分もあるが、同時に真実を伝える鍵も秘められている。神農を神格化された古代部族の長の一人と考えれば、この伝説は彼が率いる部族が狩猟採集から農耕による定着生活に移行する様子を伝えている。採集生活から農耕生活に移行する試行錯誤を繰り返すこうした過程の中で茶の効用が発見され、食用や薬用から飲用へと利用法を多様化させていったのであろう。

『春秋』『韓詩外伝』『史記・呉起伝』『説苑』などの中国の諸文献によると、神農の部族は、初めは現在の四川省の東部から湖北省の西部にかけた山岳地帯で活動していた。そこには、今なお神農の名を冠した神農架という地名が残っており、かつて神農が百草を試食した場所といわれている。

神農架は植物の宝庫ともいわれている。その辺りを含めた広大な山岳地域には豊富な植物が自生しており、多くの原生大茶樹が繁茂している。これらの大茶樹にいち早く注目したのはほかでもなく『茶経』の著者である唐の陸羽（733～804）であった。彼が著述した『茶経』の［一之源］に、次のように記されている。

茶者，南方之嘉木也，一尺二尺，乃至數十尺。其巴山峽川有兩人合抱者，伐而掇之，（以下略）

（訳）

茶は、南方の良木である。一尺二尺（唐代の一尺は今の31・1センチに相当するので、30～60センチになる）のものから、数十尺（20～30メートル）のものまである。四川の巴山辺りや三峡両岸一帯には、二人で抱きかかえるような巨木の茶樹があり、枝を切り落としてその葉を採っている。

喬木の大茶樹は生長が遅いので、二人で抱きかかえるぐらいの太さになるまでには、千年以上もかかるだろう。このような千年以上の樹齢をもつ原生の大茶樹の発見は四川に限らず各地で続いており、多くの調査報告が残されている。次に、その主なものを記しておく。

Ⅰ．四川省の原生茶樹

①崇慶《チョンチン》の枇杷茶　高さ：4～10メートル
②栄経《ロンジン》の枇杷茶　高さ：4～7メートル
③宜賓《イービン》黄山の苦茶　高さ：13～14メートル

④筠連《ジュンレン》の大木茶　高さ：4～4・6メートル
⑤南川《ナンチュアン》の大茶　高さ：10メートル以上
⑥江大《ジャンダー》茶　高さ：13・5メートル

Ⅱ．雲南省の原生茶樹

①勐海巴達《モンハイパダ》大黒山の茶樹　高さ：32・12メートル
②景谷振太《ジングウシンタイ》の茶樹　高さ：4・5～12・5メートル
③勐海蘇湖の茶樹　高さ：11・3メートル
④鎮康岔路寨《チンコウチャル》の茶樹　高さ：11メートル

Ⅲ．貴州の原生茶樹

①道真の茶樹　高さ：13メートル
②都匀・独山貴定の茶樹　高さ：7・9メートル

以上の四川・雲南・貴州各省のほかに、広西・広東・湖南・福建・江西などの地域の原生茶に関する報告も発表されている(注4)。ここでは、そのほんの一部しか紹介することができないが、記録を見るかぎり、その中には、茶樹の進化とその原種を探る重要な根拠となりうるものがある。例えば、黄山の苦茶は、カフェイン含有量が栽培茶の26%しかなく、果実の皮が厚くざらざらしているところから、茶樹の原始的形態をかなり保っているといわれている。神農が試食したのはこのような原始的な茶樹にほかならなかったであろう。

喬木の大茶樹は人工的に栽培された茶の木より葉が硬く大きいので、「大葉種」とも呼ばれ、これに対して灌木の栽培茶樹は「小葉種」と呼ばれている。このような大葉種の喬木茶樹を薬用、または飲用と食用(注5)に利用するのは簡単なことではない。陸羽が『茶経』で述べているように、木に登って枝を切り、梢に生えた新芽を採って使っていたそうである。労力がかかる上、甚だ不経済なことはいうまでもない。その後、喫茶風習が山間部から平野部に広がっていくにつれて、人為的に低い灌木の茶樹種が作り出されたのは当然な成り行きであろう。むろん、茶樹が矮小化したもう一つの原因は、熱帯から温帯へと生育する地域の気温変化も大きく影響しているかもしれない。

注1：（p14）孟獲については史書の『漢晋春秋』（東晋、習鑿歯著）に記載がある。
注2：（p22）瓢箪神話は、旧約聖書に登場するノアの方舟のように大洪水を逃れた記憶が留められたもので、漢民族やトーアン族を含む西南地域の諸民族が共有する伝説である。
注3：（p23）三皇は文献によって登場する名前が異なるが、唐の司馬貞が補った『史記』の補三皇本紀では伏羲、女媧、神農とされる。
注4：（p27）原生茶樹はインドのアッサム地方でも19世紀ごろに発見された。熱帯のアッサム地方に生育する茶樹は栽培茶を含め寒さに弱く、タンニンが多いのが特徴である。
注5：（p27）茶の葉を漬けて食べる食文化は西南地域に昔からあった。

第二章　喫茶の始まり

日本東京・神農像（写真：公益財団法人斯文会）

1　茶の呼称

古文献をひもといて早期の喫茶事情をうかがうとき、最初にぶつかるのは、茶を指す呼称の問題であろう。現在使われている「茶」という文字は、唐代の中葉になってから成立したもので、それまでは、さまざまな呼称で呼ばれていた。その主なもので文献によく登場してくるのは、「檟」、「荼」、「荈」、「蔎」、「茗」の五つである。

(1)「檟」(GU/JIA)と「荼」(TU/CHA)

茶の字には、いろいろな字義がある。古くから名詞として使われた場合は、苦菜(『詩経・谷風』)と茅・葦などの白い花(『国語・呉語』)を指す。茶としてこの字を最初に使ったのは、中国最古の辞書である『爾雅《じが》』で、「檟」の字に対する語釈としてであった。『爾雅』の原本は、今には伝わっていないが、秦漢年間(前2世紀ごろ)の書といわれている。後代に多くの解釈本があり、その中でもっとも古いのは東晋(317〜420)の郭璞《かくはく》の手によったものである。

『爾雅』　釈木第十四　「檟、苦荼」

郭璞は、その注釈で次のように述べている。

樹小如梔子。冬生葉。可煮作羹飲。今呼早採者為茶。晩取者為茗。一名荈。蜀人名之苦茶。

(訳)

木が低く、形は梔子に似ており、冬でも葉が生える。それを煮立てて、羹《あつもの》にして飲む。今は、早く採れたものを茶とし、遅く採れたものを茗とする。もう一つの名は「荈」という。蜀（四川）の人は、それを苦茶と呼ぶ。

郭璞が注釈したこの「檟」を、陸羽が『茶経』で形容した茶樹の形状と比較してみよう。『茶経』の「一之源」は、次のようにいう。

其樹如瓜蘆，葉如梔子，花如白薔薇，實如栟櫚，葉如丁香，根如胡桃。

(訳)

茶樹の形は瓜蘆《にがちゃ》(注1)に似ており、葉は梔子に似ており、花は白バラに似ており、実は棕櫚《しゅろ》に似ており、茎は丁子《ちょうじ》に似ており、根は胡桃《くるみ》に似ている。

木が瓜蘆のように冬でも葉が落ちず、しかもその葉の形状が梔子に似ていることから、郭璞が言った「檟」は、『茶経』でいわれた茶樹と同じ植物であることがわかる。しかも木が低いことから、小葉種の栽培茶樹であろう。

「檟」の現代音は「JIA」となっているが、唐音では「GU」であったらしい。その語釈の「苦茶」は蜀の方言で、古音では「GUTU」と発音されている。両者は音の上でも繋がりがあることがわかる。「茶」の字は、ここでは元来の「苦菜《にがな》」や「葦の花」の意味としてではなく、方言の音を示す当て字として使われているのである。「檟、苦茶」は、即ち「檟は苦茶である」、もしくは「檟は苦茶と呼ばれる」と解釈されるべきであろう。「檟」は、『爾雅』では釈木という樹木の解釈の項目に入っているので、樹木でなければならない。一方、苦菜と茅と葦は樹木でないから、当然、「檟」と同じではない。「苦茶」は茶を指す蜀の言葉であり、「檟」も同様、茶樹を指す呼称なのであった。

1972年、湖南省長沙市の東郊、馬王堆《まおうたい》で漢代の墳墓3基が発見された。その第1基と第3基から出土した埋蔵物の中には、「(木古月)、一笥《し》」と「(木古月)笥」の文字が刻まれた竹簡と木簡が見つかった。「(木古月)」は「檟」の異体字なので、「(木古月)笥」とは、すなわち茶筒、または茶箱であったことが判明したのである。

「苦茶」は、後に「茶」の語釈にもなっている。後漢(25～220)時代の辞書である『説文解字』

（許慎《きょしん》撰）では、「荼は、苦荼なり」と解釈している。苦荼は「荼《と》」とも呼ばれていたことがわかる。ここの「荼」と「檟」は、郭璞の解釈によれば、茶樹から割合早い時期に採れた茶のことを指す言葉であったらしい。また、一説では茶樹の原種とされる「皋蘆」（GAOLU）を指しているともいわれている。

その「荼」は、苦菜などを指す「荼」と区別するために、発音の上でも違いが生まれた。唐の訓《くん》詁《こ》学（経典の言葉や古文字を解釈する学問）の大家、顔師古《がんしこ》が、古文献に出てくる「荼」を「CHA」と「TU」の二つの音で読んでいる。例えば、彼は『漢書・王子侯表』に出ている「荼」を塗「TU」と注釈している一方、『漢書・地理志』の「荼」を「丈加の反切（注2）」の「CHA」の音と注釈している。茶を指す場合、「荼」の字を「CHA」と呼んでいた。

そもそも、「檟」という字にも違った語義がある。『説文解字』によると、「苦荼」のほかに、「楸《ひさぎ》（落葉高木）」の意味があるという。このように、同じ漢字でも、その字の元来の意味で使われている場合、後に拡大された語義で使われている場合、また外来の音を示す当て字として使われる場合などがあることがわかる。時代とともに、漢字の持っている意味と表わしている概念が変わっているのである。

(2) 「荈」(CHUAN)

『爾雅』に対する郭璞の注では、「荈」が「檟」の別名となっている。「檟」や「茶」と同じように、茶を指す古い言い方である。多くは、他の字と二音節の熟語を作って使われている。例えば、既に散逸した書であるが、『茶経』の［七之事］に伝えられている漢代の司馬相如《しばそうじょ》の『凡将篇』に、「荈詫」の語があるほか、西晋（265～420）の孫楚《そんそ》の『孫楚歌句』に「薑と桂と茶荈が巴蜀から出る」の句が見える。

(3) 「蔎」(SHE)

「蔎」は、「茶」や「檟」と同様、元来の意味では茶ではなく、今でいうハーブこと香草を指す言葉であった。漢代の揚雄《ようゆう》が著わした『方言』に付けた郭璞の注では、蜀の西南部の人々が、茶のことを「蔎」と呼んでいるとある。彼のいった「蜀西南の人々」が、どの民族を指しているのかは不明だが、今の四川省や貴州省あたりに住んでいるヤオ族、シェー族、イ族などの少数民族が、今でも茶のことを「SE」か「SHE」と呼んでいるという。従って、「蔎」も、蜀の西南地方に居住している原住民の方言を漢字で音写したものであろう。

(4) 「茗」(MING)

明代の人、楊慎《ようしん》が『郡国外夷考』という論考の書の中で、『漢志』に出てくる地名〈葭萌《ジェアミエン》〉を考証して、蜀の人が茶のことを「葭萌」と呼んでおり、その茶名が地名になったと解釈している。従って、「葭萌」は茶を指す方言の一つであった。

「葭萌」の「萌」は、後に「茗」とも書かれるようになった。「茗」は、遅く採れた茶を指すときに使われる場合があるので、日本における番茶のことであろうか。「葭萌」の「葭」は、元の語義は穂の出ていない葦のことだが、ここでは「蔎」の代替字として使われている。例えば、『茶経』には揚雄の『方言』から引用した「蜀の西南の人、茶の謂、蔎と曰う」（蜀の西南地方の人は茶のことを蔎と呼んでいる）という文があるが、その引用文の「蔎」の字を、「一之源」の章では「蔎」と、「七之事」の章では「葭」と書いている。現代中国語では、「蔎」（SHE）の字を「シェー」、「葭」（JIA）の字を「ジエア」と発音する。音が近いことから、同じ音を音写する漢字として使われていることがわかる。「茗」については、単独の茶の呼称として、「茶」や「檟」、「蔎」、「荈」などより現われたのが遅いが、「茶」の字が造字された後も、長い間文学作品、特に詩歌に登場してくる頻度の高い茶の用字となっている。

以上のように、茶には、さまざまな言い方がかつて存在していた。多くは、今の四川省辺りに住んでいた民族の言葉から来ている。では、同じ茶樹から採集したものを、なぜこんなに多様な呼び名で呼んでいたのか。このことについて、まず次に挙げるいくつかの文献記録を見てみよう。

『説文解字』（東漢・許慎撰・宋・徐鉉本）

茗、茶芽也。

（訳）

茗は茶の芽である。

『爾雅《じが》』注（東晋・郭璞注）

早採者為茶。晩取者為茗。一名荈。

（訳）

早く採ったものは茶であり、晩《おそ》く取ったものは茗《ミン》である。また荈とも言う。

『玉篇』（南北朝梁・顧野王《こうやおう》撰）

荈、茶葉老者。

（訳）

荈は、茶の老いたる葉のことである。

『茶経・五之煮』（唐・陸羽撰）
其味甘檟也。不甘而苦荈也。啜苦咽甘茶也。
（訳）
味が甘いのは檟《ジャア》で、苦いのは荈で、口に含むと苦いが、飲み込んだら、甘く感じるのは茶である。

『王禎農書』（元・王禎《おうてい》撰）
早採曰茶。次曰檟。又其次曰蔎。晩曰茗。至荈則老葉矣。蓋以早為貴也。
（訳）
早く採ったものは茶と言い、次には檟と言い、その次は蔎と言う。晩く採ったものは茗と言うが、荈となったら、その葉はもう硬い。だから早い方が貴重である。

これらの記録をまとめると、茶葉の採集時期によって、異なった言い方でその葉を呼んでいたことがわかってくる。そのほか、『茶経』のように味で区別するものもあるが、これは違う時期に採った茶葉から煮出した茶の湯を、味で判別したものである。従って、これらの呼称は、今の一番茶、二番茶、三番茶、そして番茶のように、採集の順番によったものであろう。

早い順から、「荼」(注3)、「茗」、「荈」と呼ばれ、『王禎農書』では、さらに「荼」、「檟」、「蔎」、「茗」、「荈」という順に呼び分けられていた。ただ、このような呼び分けは原産地の西南地域であったのかどうかは不明である。中原から漢字文化圏が周辺地域に広がっていくにつれて、現地の発音を音写するなかで、茶の呼び方が細分化されるようになったと見てよかろう。現地人にとって、これらの違いは方言によるもので、深い意味がないかもしれない。中国は広大なうえに、さまざまな民族が生息している。特に蜀を含む西南地域では、異なる言語を話す民族が隣り合って生活しているところが少なくない。茶は、単一の民族が広げたものとは考えられないので、多種多様な言い方が存在しているのが、むしろ当然であろう。今日でも、広東省の広州では、「CHA」と発音するが、汕頭と福建省のアモイでは「TE」となる。また同じ福建でありながら、福州では「TA」と発音される。茶のことを、少数民族のタイ族は「LA」、ミャオ族は「JI HU」、貴州南部に住むミャオ族は「CHU TA」と呼んでいる。

世界各国における茶の呼び方は、「チャ」系統と「ティ」系統の二つに大別されるが、どちらもその語源は中国語だというのが定説である。「チャ」系統は広東語の「cha」から、「ティ」系統は福建語の「te」から来ているといわれているが、元をたどれば、その語源は、上記の蜀の方言に至るかもしれない。

しかし、このような多種多様な茶の呼び名も、唐の中期に入ると、新しい造字の「茶」に統一された。これは、喫茶風習の中原への定着と、製茶方法の進歩などがもたらした必然的な帰結であろう。

2　西南地域の喫茶

喫茶は、巴《は》（現在の四川省重慶あたり）や蜀《しょく》（現在の四川省成都あたり）を中心とする西南地域では、紀元前数千年前から、すでに行なわれていたと想像できる。その時、巴と蜀の地には、後に漢民族の主体になる人々はまだ住んでおらず、主としてそれ以外の部族が活動していた。

茶の産地である巴と蜀の西南の地から、茶も含めた南方の物産が最初に中原にもたらされたのは、殷の王朝を倒して、中原に覇権を確立した周の時代であった。

殷（前17世紀～前11世紀）は、黄河の支流・漳水《しょうすい》の畔に位置する河南の安陽を都とする中原部族が主体の王朝で、青銅製の祭器や武器のほか、中国最古の文字、甲骨文と金文などを作り、燦爛たる文化を誇っていた。その勢力範囲のまわりには幾多の従属的な部族がいて、殷の先進的な文化制度の影響と恩恵を受けながら、同時にその圧制にあえいでもいた。殷の西北にある周部族もその一つであった。

周は黄河のもう一つの支流である渭水《いすい》のほとり（西安の西北部）に基盤を置き、農耕生活を営みながら、農産物の献上や労役の奉仕、外族に対する懲罰戦争の従軍を命じられたり、また北部の遊牧民族による侵入への防御に当てられたりするなど、諸侯国として殷王朝に仕えていた。その中で、周は密かに力を蓄え、国勢を伸ばしてきた。当然、殷王朝も周の台頭を看過していない。その勢いを削ぐために、人質となった周の太子を殺したり、周王を幽閉したりして、圧迫を加えることに余念がなかった。

紀元前1027年になると、周はついに殷が東にある東夷国の遠征に大軍を送った隙に反旗を翻した。自らを盟主として西南地域の八つの同盟国を結集した周は、40万の軍勢を率いて、牧野の地で殷軍と対峙した。対する殷軍は人数が70万にも上っているが、奴隷までかき集めたといわれる烏合の衆であったため、呆気なく大敗し、600年も続いた殷王朝は滅んだ。これが、いわゆる「殷周革命」といわれる中国史上最初の、革命による政権交替であった。

周は殷を滅ぼした後、功績を立てた同盟国と同族の重臣に対して、大々的な領地の分配を行った。『華陽國志・巴志』(晋・常璩《じょうきょ》撰)によると、姫《き》を姓とする同族の一門は巴(現在の四川省重慶あたり)の地を与えられ、毎年、巴の特産品を周の王朝に献上したという。その献上品の中には、桑・絹・麻・魚・岩塩・銅・鉄・漆・蜂蜜・雉・亀・犀などと並んで「荼《と》」もあった。この「荼」は、まさしく前述したとおり、巴の現地人が茶を呼ぶ言葉に当てた漢字表記であったろう。茶の字が持つ原意で表される「葦の穂」や「苦菜」などが、南方の特産品としてはるばると中原にまで運ばれ、王朝に献ずることは考えられないからである。

しかし、喫茶がこれで北方の地に定着したわけではない。わずかな献上品は上層階級の奢侈《しゃし》な宮廷生活を飾るには十分であったが、庶民レベルの消費を保障するものではなかったのである。それにしても、そのころから黄河流域の中原では、ごくわずかな上層階級の人に限られながらも、巴、またその隣の蜀（四川省成都あたり）の地は温暖多湿で、茶が特産であることが知られていたことがわかる。

巴と蜀の地では、最初に利用されたのは原始的な自生茶であったろう。その後、人による栽培が始まり、やがて大量に生産され、商品化し、流通するようになったのであるが、それはずっと後のことである。清初期の考証学者、顧炎武《こえんぶ》が『日知録《にっちろく》』で考証したところによると、秦代（前２２１～前２０６）には、茶が中原地域でも飲まれるようになったという。

ところで、顧炎武が考証した茶についての文献はすべて秦代以降のものであり、上古の古文献、例えば『詩経』や『礼記《らいき》』、『尚書』、『国語』などには、茶に関する記事はいっさい見られない。これらの文献は、いずれも中原の人（後に漢民族の主体となる）の手によって書かれたもので、西南の蜀や巴の地に住む原住民の生活の実態が反映されていない。茶は恐らく採集時代から、人類に利用されていたと思われる。しかし、その利用地域は、原生茶が生育する巴・蜀を中心とする中国の西南地域に限られていたため、秦の人々がその地に入る以前には、茶が広く報告されなかっただけであると考えてよかろう。

「茶」の漢字が定着するまで、この飲み物はさまざまな呼称と漢字表記で表現されていたが、そのすべてが西南地域に住む原住民の発音を漢字で表記したものである。「茶」は唐代（618〜907）の中葉になって「茶」から作り出された新しい漢字で、それ以降、「茶」を指す固有の表現となったのである。

巴と蜀の地は、秦の時代に中原の入植者が増え、漢代に入ってからその辺りが中原王朝の政治管轄の範囲内に入った。そして、その後に蜀の国があったところに中原人中心の町が形成され、成都という名が付けられるようになったのである。これはあたかもオランダ人からニュー・アムステルダムを手に入れたイギリス人が、それをニュー・ヨークと改名したようなことである。

ともあれ、成都は漢代から蜀の中心の町として発達していた。この成都を舞台に繰り広げられる喫茶風景に関する文献がある。それは、西南地域での喫茶事情を伝える最古の記録ともいわれる『僮約《どうやく》』という書（前59）で、西漢の頃、成都に住む王褒《おうほう》という人の手によって書かれたものである。

『僮約』とは、文字通り主人と下僕との間に交わされる誓約書のことであるが（僮にはしもべの意味がある）、それによって、蜀に住んでいた漢の人々の日常の喫茶を垣間見ることができる。『僮約』が成立する背景について、まず見てみよう。

ある日、蜀の資中という町に住んでいる王褒が、用事があって成都にある寡婦の楊恵宅へ出かけた。その家には、主人が在世の頃から仕えている下僕がいて、名は便了《べんりょう》という。王褒が彼に酒を買ってこいと言い付けると、便了は、大きな棍棒を手にして、亡くなった主人の位牌の前に立ち、こう言った。ご主人がこの便了を買ったとき、家を守ればいい、赤の他人のために酒などを買ってやってはいかんとおっしゃったはずだ。それを聞いた王褒はかんかんに怒って、こやつを俺に売ってくれないかと楊恵に尋ねた。楊恵が言うには、この者は大きくなってから、随分生意気になったので、前から売ろうとしたが、買い手がいなくて困っていたところだ。それを聞いた王褒は、すかさずこやつを買ったと言った。すると便了がまた言った。私にやらせたいことは、すべて誓約書に書いてください。誓約書にないことは一切いたしません。そこで王褒は、誓約書に便了がやるべきことをことごとく箇条書きに記した。その主な内容は、朝、起きてからすぐ掃除をする、食事が終わったら食器を洗う、布団を敷いたり、倉を閉めたりするなどの項目のほかに、茶を煮るときは、器具を揃えて手順を踏むこと、武陽という町の市に茶を買いに行くというものもあった。

『僮約』について、王褒が遊び半分に記した戯文に過ぎないと見ている人が多い。そうだとしても、気軽に茶のことを口にしたり、文にしたりするぐらい、漢代の蜀では喫茶がもう日常欠かせないものになっていたことが読み取れるであろう。ただし、当時どういう茶がどういうふうに飲まれていたのかについては、『僮約』からは知ることができない。

3　初期の製茶と飲み方

西南地域の製茶とその飲み方を教えてくれる最古の文献は、三國時代の魏（220～265）の人、張揖《ちょうゆう》が著した『広雅《こうが》』である。

荊巴間採茶作餅。葉老者餅成、以米膏出之。欲煮茗飲。先炙令赤色。搗末置瓷器中。以湯澆覆之。用葱、薑、橘子芼之。其飲醒酒。令人不眠(注4)。

(訳)

荊〈湖北省あたり〉と巴あたりの民間では、採ってきた茶を餅の形に製茶する。粗大な葉の場合は、重湯で粘りを付けてから成形する。飲用する時は、先ずその表面が赤くなるまで炙る。それから、搗《つ》いて粉末にし、磁器などの器に入れ、熱湯を注ぐ。その上、葱や生姜、ミカンの皮などを混ぜて飲む。酔いと眠気を覚ます効果がある。

茶を固めて製茶する手法は、中国の製茶史においては、後の宋代に至るまで主流となっていた。唐代までは「餅茶」といわれ、宋代では「団茶」と呼ばれていたが、その技術はいつから始まったのかはわからない。『広雅』の年代よりずいぶん遠い昔にあったと思われる。固形に加工された茶は、運搬しやすいばかりでなく、製茶する過程で茶の葉を固めると、中の空気が追い出され、カビが生えにくくなり、長期間の保存もできるので、商品として遠方へ流通させたり、または献上品として中原地方へ納めたりするのに最適の製茶法であった。唐の「餅茶」と宋の「団茶」がそれぞれの時代を代表する献上茶に選ばれたのは、こうした理由からでもあった。

唐代以降の固形茶の製造は、蒸した茶葉を砕き、型を使って成形するが、『広雅』の記述は詳しい製造法に触れていない。繊維の硬い粗大な茶葉を使う場合、重湯で固めるというところを見る限り、蒸した茶葉を手か何かで砕かずに形作る技法を取っていたのであろう。成形した後に天日で自然乾燥するのか、それとも火を使って乾燥させるのかは不明である。飲む前に茶を火で炙るのは、湿気を取り、芳しい香りを出すためで、これは今にも通じる飲み方である。中国西南地域の山間部では、茶の葉を十分に火で炙ってから飲む習慣が現在でも守られている。

『広雅』に述べられた喫茶で特に注目すべきは、葱や生姜などを混ぜることである。後に『茶経』の著者、唐の陸羽に「どぶ水」と酷評されたこの飲み方は、ある意味で中国人の飲食観を反映しており、民間ではずっと後代まで続いていた。

中国には、昔から医食同源の思想がある。茶を含むすべての植物が、伝統的薬理学によって、甘・酸・苦・辛・鹹（塩辛）の五味と、温・熱・涼・寒の四性に分けられている。病にかかったときには、その症状が熱性か寒性かに応じて投薬する。日常の飲食においても、寒熱のバランスを取り、偏ったものにならないように気を使う。

例えば、唐の薬書である『新修本草』（『唐本草』ともいう）は、茶の薬効について次のように記している。

茗味甘苦。微寒無毒。主瘻瘡。利小便。去痰熱渇、令人少睡。秋採之。苦荼、主下気。消宿食。作飲、加茱萸、葱、薑等。

(訳)

茗(茶の別名)は苦荼である。茶は、味が甘苦で、薬性は微寒無毒である。腫れ物や吹き出物、痰、渇き、昏睡などの症状をなくし、小水を良くする。秋に採る。苦荼は気を下げる働きがあるので、消化を助ける。飲用するときは、茱萸《ぐみ》、葱、生姜を加える。

茱萸と葱と生姜は、全部熱性の植物で、それを茶に混ぜるのは、茶が持つ寒性を中和させるためであろう。これこそが体にやさしい茶の合理的な飲み方であると、中国人は思っていた。

ところが、このような飲み方は、四百年後の唐代において、茶人の陸羽によって排斥されることとなった。彼に代表される文人や僧侶たちは、庶民の日常生活に深く浸透していた漢方的な飲み方を、徐々に新しい飲み方に変えていったのである。

4　茶の伝播

張揖《ちょうゆう》が生きていた三國時代は、波瀾万丈の時代であった。四百余年も続いた漢帝国が終焉を迎え、国は分裂状態に陥っていた。国家の再編を賭けて群雄が乱立し、国中に戦火が燃え広がった。長年の戦争は生活基盤を破壊し、国民は塗炭の苦しみをなめさせられた。こうした激動の時代に、茶の原産地である西南地域を除けば、人々には喫茶などを顧みる余裕はなかった。中原では、茶はまだ嗜好品でしかなかったからである。

これに対して、南方の国、呉の宮廷には、喫茶に関するエピソードが伝えられている。『三國誌』の〈呉書・韋曜《いよう》伝〉（西晋・陳寿《ちんじゅ》撰）によると、

皓毎饗宴。無不竟日。坐席無能否。率以七升為限。雖不悉入口。皆澆灌取尽。曜素飲酒不過二升。初見礼異時。常為裁減。或密賜茶荈以當酒。

（訳）

王の孫皓《そんこう》は、宴席を設ける度に、終日飲酒に徹する。席に連なる者には、飲める飲めないの別なく、一律七升を与える。飲み込めない人は、浴びてでも与えられたものを空けなくてはならない。韋曜は、酒量が二升に満たない。初めてこの変わった決まりに出遇ったとき、王は、量を減らしてやったり、または密かに茶を授けて、酒の代わりにさせた。

呉の国は建業（今の南京）に都を置き、その国土は長江の中下流にまたがる広大な領域に及んで

いた。三國時代には喫茶の風習は、巴蜀が代表する西南地方から、すでに南方全域にまで広がっていた。また、酒の代わりにできるような茶だということは、今も中国各地で作られている「黄酒《ホワンチュウ》」と同じく、赤がかった黄色か、それより薄い黄色をしていたのであろう。『広雅』の記述を忠実に再現すれば、そのころの茶の湯は、間違いなく陸羽の『茶経』にもあるように、「其色緗」(その色が薄い黄色)である。一方、「黄酒」の代表的な銘柄は「紹興酒」であるが、紹興の町も呉の域内にあるので、この記事を見る限り、「黄酒」の歴史も古いようである。

いずれにせよ、戦乱で南北が分断された状態では、物的にも人的にも、交流が制限されていたことはいうまでもない。三國時代は、茶が北方の人々に親しまれるのが、まだまだ困難な時代であった。

２８０年、魏の後を継いだ晋が、遂に蜀と呉を滅ぼして国を統一した。それによって、茶も北方に運ばれるようになった。例えば、晋の劉琨《りゅうこん》が南方に赴任した甥に宛てた手紙の中に、安州《あんしゅう》から待望の乾茶二斤、生姜一斤と桂一斤が届いたこと、心の憂いは、いつもこの茶が晴らしてくれることなどが書いてある。当時の北方では、茶の市販がまだ盛んではなく、主に南方にいる親戚か友人に送ってもらうことによって、その需要がまかなわれていたことがわかる。

喫茶の風習は、こうして少しずつ北上していった。加えて、この時期に南方の風土や物産を紹介する地方誌や博物誌も出され、茶に関する知識の普及にも役立った。上述の『華陽国志』のほかに、西晋・張華《ちょうか》の『博物志』、西晋・郭義恭《かくぎきょう》の『広志』、東晋・裴淵《はいえん》の『広州記』などがある。

しかし、晋は、百年あまりしか続かず、統一国家も束の間に終わってしまった。386年、北方で鮮卑《せんぴ》族が北魏を建国し、南方では、420年頃に宋が建てられ、時代は一気に南北朝に入る。南では、宋、齊、梁、陳という順に、漢民族の国家が相次ぎ、北では、さらに幾多の小国が乱立し、互いに混戦し、併呑し合った。その結果、北魏、東魏、北齊、西魏、北周などの政権が順次登場した。北地に建ったのは、漢民族による北齊を除いて、すべて鮮卑系、チベット系かトルコ系の遊牧民族を主体とする国であった。晋の大崩壊によって、今まで圧迫されてきた周辺の異民族に、中原での逐鹿《ちくろく》の機運がめぐってきたのである。

戦乱を避けて、大量の難民が南に逃れた。新たなチャンスを求めて、南から北に移住する者もいた。南北朝は、激動の混乱期であると同時に、民族大移動による文化融合の時代でもあった。

この時代に、南朝では南齊の武帝が祭祀の簡素化を訴えていた。自分が死んだ後、祭りの供え物に生《い》け贄《にえ》を使うな、天下の者は身分高低の別なく、餅・茶・干飯・酒と干し肉を用意すればいいと詔勅で命じた。南朝では、茶がすでに、日常茶飯として生活の必需品になっていたことがうかがえる。

その一方、北朝では、茶が少しずつではあるが、乳製品を主食とする遊牧民族にも知られるようになった。後魏の楊衒之《ようげんし》の『洛陽伽藍記《がらんき》』は、このことについて次のように伝えている。

肅初入国。不食羊肉及酪漿等物。常飯鯽魚羹。渇飲茗汁。京師士子見肅一飲一斗。号為漏卮。

……時給事中劉縞。慕粛之風。専習茗飲。

（訳）

王粛《おうしゅく》は、はじめて魏の国に来たころ、羊の肉やヨーグルトなどは食べられず、いつも鮒《ふな》の羹《あつもの》を食べたり、茶を飲んだりしていた。一回で十升も飲んでいるのを見て、都の士大夫《したいふ》たちは彼のことを「底なし盃」と呼んでいた。……（中略）……給事中（宮中の雑用を司る官職）の劉縞《りゅうこう》は王粛の風儀に憧れ、飲茶を習うことにした。

この記事を見ると、最初は移住してきた南方出身者だけが茶を飲用していたが、それに対してあまりいい感触を持っていなかった北の人も、しだいにそれをまねて飲むようになったことがわかる。

注1：（p31）瓜蘆は、また皐芦とも呼ばれ、中国の雲南省や四川省の山間部に自生するツバキ科の植物で、葉が漢方の生薬になる。頭痛、渇き、かすみ目、喉の痛みなどの治療に使われる。

注2：（p33）反切とは、中国で他の2字の子音と母音を借りて、ある漢字の音を示す方法。

注3：（p38）「荼」の字が造られてから、「荼」は使われなくなった。

注4：（p44）『広雅』の現存本には、この内容がない。佚文の引用は、『茶経』「七之事」に載っている記事による。

第三章　喫茶文化の開花

中国四川省・雅安蒙頂山皇茶園

1　北方への進出と普及

中国の北方において、茶が本格的な普及を見せはじめたのは、唐代（618～907）に入ってからである。それは、図らずも仏教の力を借りていたことが意義深い。その普及の状況を、唐の封《ふう》演《えん》が『封氏聞見記』という見聞録の〈飲茶〉で次のように記している。

茶、早採者為茶。晩採者為茗。本草云。止渇、令人不眠。南人好飲之。北人初不多飲。開元中、泰山霊巌寺有降魔師、大興禅教。学禅、務於不寐、又不夕食、皆許其飲茶。人自懐挟、到処煮飲。従此転相倣効、遂成風俗。自鄒、斉、滄、棣。漸至京邑城市。多開店舗、煎茶賣之。不問道俗、投銭取飲。其茶自江淮而来。舟車相継、所在山積、色額甚多。

（訳）

世の中では、早く採ったものを茶といい、晩く採ったものを茗という。本草では、茶は、渇きを癒し、眠気を覚ますといっている。南の人は好んでそれを飲むが、北では、はじめはあまり飲まなかった。開元年間（713～741）に、泰山の霊巌寺に降魔師と称される禅師が居て、禅の普及に精魂を注いでいた。禅の修行では、眠らないことを第一としている。夜食をとらないかわりに、師は茶の飲用を許した。そこで禅を学んだ弟子たちは、自ら茶を携帯して、至る所でそれを煮て飲んでいた。

以後、周りの人々まで、それにならって飲むようになり、たちまち喫茶の風習が広がった。山東省から河北省、そして河南省へと広がり、遂に首都の西安にも及んだ。西安の街には多くの茶屋ができ、茶を煮ては売っていた。在家出家を問わず、誰でも金さえ払えば飲むことができる。その茶は江蘇と浙江の二省あたりからのもので、船や車で続々と運ばれてくる。行く先々でいろいろな種類の茶が山のように積まれていた。

封演のこの記録から、我々は茶の北方への進出と普及について、次の二点を読み取ることができる。

（1）統一国家である唐帝国の隆盛は、南北の障壁を取り除き、物流の活発化を促した。それに伴って、北中国でも茶が身近な存在となり、簡単に手に入れられるようになった。

（2）禅仏教の修行で、方便としての茶の飲用を勧奨された結果、まず在家信者の間に流行していた喫茶風習が、まもなく北方全域に広がった。

このように唐代に入ってから、禅仏教の普及とその布教活動は一般社会における喫茶の定着を後押ししていたことがうかがえる。それは最初、中国で見られた現象であったが、その後、日本でも同様な現象が確認されている。

そもそも、茶と仏教との関わりは、南北朝時代の後趙の禅僧、単道開《ぜんどうかい》の喫茶に遡るといわれている。前述の通り、三国時代の戦乱と分裂の局面を収拾して魏の後を継いだ晋は、やっとのことで統一を達成したものの、国の安泰を長く享受することはなく、後期には権力争奪をめぐる内乱に陥り、その機に乗じて、北方の各地で抑えられていた遊牧民族が、奮起して相次ぎ政権を立てるようになった。当時の中国には、南北各地方で異民族と漢民族によってつくられた五つの小国が興亡林立していた。歴史学者は、これらの国々のことを〈五胡十六国〉と称している。

南中国はともかくとして北中国では、漢民族の儒教に対抗するため、外来の宗教である仏教を積極的に導入する国が現われた。それが、匈奴出身者が建てた〈後趙〉である。後趙が仏教立国の道を選ぶと、多くのインド人や西域人、そして中国人の仏教僧侶が、四方八方から集まってきた。単道開もその中の一人である。『晋書・列伝』によると、単道開は敦煌の出身で、その後、臨璋の昭徳寺に住することになった。彼は寺に高閣を建て、さらにその中に茅の禅室を造って、毎日眠らずに座禅していた。飲食の代わりに自家製の薬丸を食べたり、茶葉に紫蘇《しそ》を混ぜた「茶蘇」を飲んだりしていたという。単道開はこの茶を飲むことで、座禅中の眠気を排除していたと思われる。

禅の内観を完全なものにするには、心から一切の雑念を取り除かなければならず、特に修行中の眠気が大敵である。仏教が中国に伝わって、中国人出家僧が出現すると、間もなく茶が持つ覚醒という薬効性が注目され、禅の実践に積極的に活用されるようになった。この仏教と茶との結びつきは、中国仏教の特徴の一つを形成しており、中国仏教の伝教の波に乗って、茶も産地以外のところまで運ばれるようになったのである。また、修行と寺院運営の双方の需要から、寺院自体が茶の栽培と製茶に乗り出した。その結果、数々の寺院銘茶が生まれ、寺院の有名度も高められた。特に規模の小さい山寺にとっては、茶は貴重な財源にもなっていたのである。

2　寺院茶礼の成立

中国寺院における喫茶は、仏教の中国伝来以後に見られるようになった現象である。前述の山東霊巖寺の喫茶に示されたように、それは二つの目的を持っている。一つは非時食戒を守ること、もう一つは坐禅時の眠りを排除することである。非時食とは、仏教戒律では、正しくない時の食事のことで、正午から翌日の未明までの食事を指している。出家僧は非時の食物を食べてはいけないことになっている。だが、この戒には薬と水が除外されているので、当然、喫茶は許されている。インドでは出家僧は毎日二食を守っているが、菜食中心の中国寺院では、二食ではもたないという理由で、間食の時間を設けている。非時食戒に抵触させないため、そのときの食物を「薬石」と称したり、茶を飲むときに食べる菓子類を、「茶薬」といったりしている。薬なら戒に反さぬという、一種の方便であるといえよう。降魔師の弟子達は茶を飲用するとき、「茶薬」も食べていたと思われる。

茶のもう一つの目的は、坐禅中の睡魔退治である。すなわち、茶葉に含まれているカフェインが持つ覚醒作用で、眠気を覚ますのであった。次の二首の詩から、喫茶効用のこうした一端をうかがうことができる。

『贈包安静先生』・蘇軾《そしょく》（北宋）

建茶三十片　建茶、三十片
不審味如何　味、如何を審《し》らず
奉贈包居士　包居士《ほうこじ》に奉贈《ほうぞう》し、
僧房戰睡魔　僧房にて睡魔と闘ふ

（訳）
福建産の団茶、三十片を包居士に贈ります。味はどうか知りませんが、寺で座禅を組むとき、それを飲んで睡魔と闘ってください。

『鹿苑茶《ろくおんちゃ》』・金田《きんでん》（清）

山精石液品超群　山精石液《さんせいせきえき》にて品、超群す
一种馨香满面熏　一種の馨香《けいこう》、満面を薫《おお》ふ

不但清心明目好　　清心明目、好《このま》しきのみならず
参禅能伏睡魔軍　　参禅して能《よ》く睡魔の軍を伏す

(訳)
山の精、石の液で出来た鹿苑寺の茶は、大変芳しい香りを持っている。心を清め、目の曇りを無くすばかりでなく、飲んでから参禅すれば、睡魔の軍を退けることもできる。

唐代に入ると、宗派を問わず寺院における喫茶は一般化された。中でも、中国開宗の禅宗寺院が、他の宗派よりも茶と深く結びついていた。禅宗は不立文字《ふりゅうもんじ》(注1)を標榜し、実践を重要視する仏教宗派であるため、衣、食、住、行という現実の生活の中で、禅門の修行を重ねていく。それゆえ、禅寺における喫茶は、従来の座禅に備えるための実用的な飲用と違って、宗教生活の全般に行き渡っている。その飲み方も宗教儀礼の中に織り込まれ、禅寺独特の茶礼を完成させている。このような作法化された喫茶は、後の茶道の成立に大きく寄与した。

禅宗の喫茶作法は、「清規《しんぎ》」という教団生活の規則に定められている。清規は仏教在来の戒律とは別に、中国の禅寺生活を規範化したものである。これを初めて制定したのは、唐の百丈懐海《ひゃくじょうえかい》(749~814)禅師である。『宋高僧伝(伝)』の〈百丈山懐海傳(伝)〉によると、懐海は福

建の出身で、最初は南康（江西省）で馬祖道一《ばそどういつ》に師事し、師が入寂《にゅうじゃく》後、その法を嗣《つ》いだ。後に、檀越の招請に応じて同省にある百丈山（大雄山）に住し、仏法を宣揚したという。百丈山で懐海は律院から独立して禅院を構え、大小乗の戒律を参照しながら禅宗独自の規則、すなわち清規を制定した。

禅院の清規は中国の事情に対応して、仏教僧団の完全な自給自足を図ったものである。清規では、インド伝来の戒律で禁じられている生産活動を普請《ふしん》の項目に取り入れて、種田耕作、運水搬柴《はいき》、給食行茶などの日常生活の行為全般に宗教の修行を結び付けている。また、唐代から流行しはじめた喫茶を寺院行事の中に組み込み、「行茶」の威儀を通して仏法の荘厳を示すなど、禅院独自の喫茶作法を作り出した。

禅院規範の濫觴《らんしょう》ともいわれている懐海の『古清規』は、残念ながら今は散逸して、原本そのものは伝わっていないが、その精神は代々受け継がれている。現在まで伝承されている禅院の清規には、北宋の崇寧2年（1103）に洪済禅院の住持、宗賾《しゅうさく》が編集した『禅苑清規《ぜんえんしんぎ》』と、元代の至元4年（1338）に百丈山大智寿聖禅寺の住持、徳輝《とくぎ》が勅詔《ちょくしょう》によって復元した『勅修百丈清規《ちょくしゅうひゃくじょうしんぎ》』がある。また、禅宗の伝記である『景徳灯録』の〈百丈傳（伝）〉に付せられた〈禅門規式〉や、『禅苑清規』の後尾にある〈百丈規縄頌《ひゃくじょうきじょうじゅ》〉、『勅修百丈清規』の〈古清規序〉などでも、『古清規』の一部を垣間見ることができる。

『禅苑清規』の〈百丈規縄頌〉は、『古清規』の喫茶作法について、次のように伝えている。

その一

一新到。三日内。且於堂中候赴茶湯。未可便歸寮舍。及粥後偃息。須當早起。免見堂中尋請借問喧動清衆。

初来三日内。秖候赴茶湯。
粥後宜先起。時中且在堂。

（訳）

新人の僧は、三日間、僧堂で茶湯会に出るときを待ち、すぐに僧舎に帰るべきではない。また粥の食後の休憩も早く終えるようにしなければならない。僧堂で物を探したり、事をたずねたりして、他の僧衆に迷惑をかけてはならない。

その二

一新到山門時。特為點茶。其禮至重。凡接送盞囊。切在恭謹。秖揖上下。不可慢易有失禮儀。

山門如特為。禮意重於山。

趍赴依時節。身心莫等閑。

（訳）

新人の僧が山門に着いたときに、特別の茶を点《た》てる。その茶礼は甚だ丁重であるべきである。茶碗を受けたり、渡したりするときは、恭しく丁寧にすべきである。手を上下にお辞儀して、儀礼を疎《おろそ》かにしてはならない。

このように、新来の僧は寺の寮舎に入る前に、茶湯の会に出なければならず、その茶湯会の作法は非常に重々しく、茶碗の受け渡しの仕草にいたるまで厳格に定められていた。この種の茶湯会は禅院では、「特為茶」と呼ばれ、清規には様々な「特為茶」が設けられており、もっとも大事な寺院儀式の一つとなっている。その時の作法手順や心掛けなどについては、『禅苑清規』の〈赴茶湯〉で、次のように制定されている。

1 禅院の「特為茶」は、礼儀が大変重要なので、招待される人は軽々しく考えてはならない。
2 茶鼓《ちゃつづみ》が鳴ると、早めに会場に行き、自分の名札を確かめる。
3 堂頭《どうちゅう》（寺院管理者）の特為茶会では、侍者の挨拶の後に会場に入る。首座に従って順番に立ち並び、住職の返礼の後に座席につく。
4 脱いだ靴はきれいに並べ、静かに椅子に掛ける。

5　姿勢を正し、椅子に凭れてはならない。
6　袈裟《けさ》で膝を隠すようにし、手を拱《こまぬ》いて主人にお辞儀する。
7　偏衫《へんさん》（片方の単衣）で袖を覆う。手は、暑いときは袖の外に、寒いときは中に組む。腕を露《あらわ》にしてはならない。
8　落ち着いた手付きで茶碗を取り、胸の高さに持つ。
9　主人がお辞儀した後、特為の人（招待される側）は、上位から下位へ順番に返礼する。
10　飲茶のときは、茶を吹いたり、音を出したり、茶碗を回したりしてはならない。
11　茶椀を静かに置き、順序よく並べる。
12　右手で茶請けを取り、皆にお辞儀してから食す。
13　茶菓子は、投げて口に入れたり、音を立てて噛んだりしてはならない。
14　茶会が終ったら、静かに足を降ろし、皆に挨拶してから会場を出る。
15　特為の人は前に進み、主人に謝茶の礼を申す。
16　落ち着いた足取りで退場する。大股に急ぎ足で歩いたり、靴を引きずったりしてはならない。
17　堂頭の特為茶会を無断で欠席した者は、誰彼を問わず、その位を落とし、院門から追い出す。

これを見ると、禅院の茶会は、その一挙手一投足が形式化された儀礼作法に終始しており、喫茶がすでに単なる「飲む」という生理的行為から脱皮して、宗教儀礼の具現という精神的次元にまで昇華されていたことがわかる。そこに見られた喫茶の作法は、まさしく日常的な喫茶と儀礼的な喫茶の分水嶺となっているといっても過言ではない。後に唐代の陸羽が成立させた茶道も、現代の日本茶道も、その根底を支えているのは、外でもなく禅院の茶礼である。

禅院の茶礼は、懐海の古清規以降、『禅苑清規』や『勅修百丈清規』などで様々な展開が見られた。特に『勅修百丈清規』では、寺院茶礼が最大限に演出され、「特為茶」のほかに寺院の年中行事から日常生活まで、ほとんどすべてが茶事で綴《つづ》られている。また、禅院では個人による茶の所有を厳しく禁止しているため、喫茶は個人嗜好の範疇《はんちゅう》を超え、僧団全体の行為となっている。高度に儀礼化された独特の茶事によって僧団の秩序が維持され、寺院運営も円滑に行われていたと思われる。

一方、寺院における喫茶の需要に対応して、寺院独自の茶園も出現した。『盧山《ろざん》廼誌《たいし》』などの古文献によれば、最初は晋代の僧侶が盧山に自生した野生茶を利用したのが始まりで、その後、意識的に茶樹の栽培を始めたという。寺院における茶の需要が増えたため、安定した供給源を確保する必要が生じたのと同時に、品種改良によって良質の茶を得る目的もあったのであろう。この寺院茶園の登場によって、晋代以降、数々の寺院名茶が生み出されることになる。

陸羽の『茶経』には、唐代の有名な寺院茶園として、浙江地方だけでも、飛雲寺、曲水寺、天竺寺、霊隠寺などが挙げられている。特に、飛雲寺と曲水寺の二寺の茶園からは、当時の最高級の茶が産出されていると記されている。他にも、宋代には、江蘇省洞庭山にある水月院、福建の能仁院、覚林院の茶園から生産される寺院銘茶があり、明代の頃からは、山寺の製茶で一躍有名になった「松《しょう》羅《ら》茶」などがある。

なぜ寺院茶園の製茶には上等な茶が多いのか。これは茶樹成長の地勢条件と関係しているらしい。『茶経』の〈一之源〉では、良質の茶樹の生育条件として、次のように述べられている。

其地。上者生爛石。中者生礫壌。下者生黄土。……野者上、園者次。陽崖陰林、紫者上、緑者次。笋者上、牙者次。葉巻上、葉舒次。

(訳)

茶樹が成長する土地は、三つある。上等の茶樹は風化した岩石に育ち、中等の茶樹は礫質土壌に育ち、下等の茶樹は黄土に育つ。……野生の茶樹が上等で、園芸の茶樹は二の次である。陽崖の陰林に育ち、しかも茶芽が紫のものは上で、緑色のものは二の次である。形が笋《じゅん》(タケノコ)のようなものは上で、牙のようなものは二の次である。葉の巻いているのが上で、葉の開いているのが二の次である。

つまり、日の当る山野の崖で、しかも日光の直射を遮る陰のある風化質の土壌でなければ、最高の茶が育たないという。中国の寺院茶園は、その多くが山間部にあり、風化質の土壌であること、互生する林の中にあって直射光が当らないこと、山の上では霧が生じやすく、湿度が高いこと、日夜の温度差が大きいことなどの条件が揃っているからこそ、絶品の銘茶を産出したのであろう。

3　茶書の出現

唐代も中葉になると中国の喫茶文化は、名実ともに成熟期を迎えた。仏教信仰の波に乗じて、喫茶風習が北中国の広い範囲に定着したほか、飲茶方式も規範化する機運が生まれた。それ以前は、前章にも述べたように、茶湯に生姜・ミカンの皮・葱・紫蘇《しそ》や茱萸《ぐみ》などを混ぜて、漢方薬か、もしくはスープのように飲んでいた。このような飲み方では茶の真の味を損なうとしたのが、陸羽や皮《ひ》日休《にちきゅう》、盧仝《ろとう》など時の多くの文人たちである。特に陸羽は、史上初めての茶の専門書『茶経』を著し、茶に関するさまざまな知識を紹介する一方、正しい茶の煮方や飲み方を推奨した。彼のたゆまぬ提唱により、唐代の文人と官僚の間で喫茶の形式化が進み、飲茶が情操の薫陶と品格の向上に結び付けられるようになった。「茶道」も、陸羽の茶を指す言葉として、この時代に生まれたものである。

陸羽は湖北竟陵《けいりょう》の生まれで、字《あざな》は鴻漸である。唐の開元19年（731）ごろ、地元禅院の智積《ちしゃく》住持に引き取られた時はまだ2歳の幼児であった。陸羽は上元元年（760）、30歳ごろに太子文学（当時の官職）を任命されたが、就任せず、生涯隠棲《いんせい》と放浪の生活を続けた。

8歳の頃から養父であり、師でもある智積について学問を習い始めた。しかし、師が指定した仏典に一向興味を示さず、儒学の経典の研鑽に熱中する余り、彼を僧侶に育てたい養父の智積と激しく衝突することになった。陸羽は養父に対してこう言った。「私には兄弟がいません。剃髪《ていはつ》して坊さんになったら、後継ぎを断つことになる。儒者から見れば、これは親不孝です。私は孔子さまの文章を勉強したい」

自分の身の上を意識しはじめた8歳の少年の一言であるが、さすがに愛情を注いで育てた養父の智積を怒らせた。智積は今までの育て方を改め、陸羽に寺の掃除から家屋の修繕や牛の放牧までのあらゆる雑事や労働をやらせた。本来、これらの働きは禅寺では「作務《さむ》」といって、一人前の禅僧となるのに欠かせない仏道の修行である。智積はこの修行を通して、仏道への回心を期待していた。しかし、陸羽は寺の除草や牛の放牧中でも儒学などいわゆる外典の勉強をやめないため、智積もとうとうあきらめて陸羽の好きなようにさせた。

上元初年、陸羽は而立《じりつ》30歳になる。普通の人なら、出世を目指して仕官の道を歩みはじめるが、彼はその反対に浙江省呉興に庵を結んで隠居生活を始めた。子供の時から竟陵太守であり、皇室の一族でもある李斉物《りせいぶつ》に可愛がられていたし、その後も礼部朗中《れいぶろうちゅう》（文部大臣に相当する）を務めたこともある崔国輔《さいこくほ》を始め、多くの社会地位のある文人や官僚と交遊していたため、出世のチャンスは十分あった。実際、彼は隠居中に太子文学を拝官され、まもなく太子太祝《たいしゅく》に再任官されていた。それは太子東宮の属官で、儒学の経典を司る官吏であった。陸羽には仕途が開かれたが、彼はこのような世俗の地位や名誉に対して、一向興味がなく、任命を辞退して、相変わらず「戸を閉じて読書し、名僧高士と終日酒盛りして、非類と交わらず」『陸文学自伝』の毎日を送る。

その期間中に、陸羽は多くの著書を世に出した。その中でもっとも有名でかつ画期的な意義を持っているのは『茶経』である。これは、彼が長い時間をかけて中国南方の茶産地を歩き回り、茶樹の状況や製茶の種類などを調査して著した史上初の茶の専門書である。その完成により、『茶経』が歴代茶書の嚆矢《こうし》となり、この時代から茶の歴史が系統的に語り継がれることになる。

陸羽は『茶経』の中で、茶の飲用による精神面と道徳面の効果を宣揚する一方、茶具を選定し、煎じ方から飲み方までの喫茶作法を規範化した。これらはすべて、彼が幼年の頃からなじんでいた禅寺の喫茶を根幹に独自に考案したものである。この斬新な陸羽流の茶は多くの人々を引き付け、大流行となり、好事家の文人たちの加勢もあって、唐の開元年から「茶道は大いに興った」『封氏聞見記』の有様を呈していた。

唐代に入ってから、茶の飲用を奨励する禅寺に参禅する気運が高まる中、喫茶の風習が南から北へと広がり、社会各層に浸透していった。精神力を高揚させる特質のある茶に対して、時代は新しい飲み方を求め、『茶経』がこうした希求に応える結果となったのである。

『茶経』は全部で十章に分かれ、〈一之源〉〈二之具〉〈三之造〉〈四之器〉〈五之煮〉〈六之飲〉〈七之事〉〈八之出〉〈九之略〉〈十之図〉となっている。各章の概要は、次の通りである。


〈一之源〉茶樹の形態や成長の自然条件、茶名の考察、栽培方法、品質の優劣、茶の効用など。

〈二之具〉茶葉の採集道具と製茶用具。

〈三之造〉製茶方法と製品の品質鑑定。

〈四之器〉茶を煮るときの道具と茶碗。

〈五之煮〉煎茶用水の等級やその選定方法、茶の煮方、入れ方。

〈六之飲〉茶のさまざまな飲み方と飲用する時の心構え。

〈七之事〉喫茶の歴史と歴代の喫茶事情に関する文献。

〈八之出〉茶の産地と各産地の品質。

〈九之略〉時宜と場所による製茶用具と茶道具の省略について。

〈十之図〉上の各章の内容を図解したもの。


陸羽がこの『茶経』で述べたのは、「蒸青《じょうせい》」の方法で製茶された「餅茶《へい》」による煎茶の飲用法である。これは唐代喫茶の主流であり、宮廷の御用茶にもなっていた茶である。「蒸青」とは、採集した新鮮な茶の葉を蒸して、その酵素を殺し、酸化を止める緑茶の製茶法で、さらにそれを型に入れて餅の形にした固形茶が「餅茶」である。〈六之飲〉で当時の飲茶状況について、「飲み方には、粗《そ》茶・散《さん》茶・末《まつ》茶と餅茶がある」と述べたように、唐代では「餅茶」以外にも、地方によってさまざまな製茶法と飲み方があった。枝ごと切り落とし、その場で煮て飲むような未処理の「粗茶」を除けば、「散茶」と「末茶」も、発酵させない「蒸青」製法による緑茶である。「餅茶」と違うのは、二種類とも成形しない製茶だということである。「末茶」は粉末の茶であり、「散茶」は葉の形を保ったままの茶である。後代の宋では、この二種類の茶が主要な製茶になっている。その他に『茶経』では触れられていないが、唐代には、釜炒りで酵素を殺す「炒青《しょうせい》」製法の緑茶もあった。唐の詩人劉《りゅう》禹錫《うしゃく》は『西山蘭若試茶歌』で、釜炒りの製茶を次のように詠んでいる。

山僧後檐茶數叢，春來映竹抽新茸。宛然爲客振衣起，
自傍芳叢摘鷹觜。斯須炒成滿室香，便酌砌下金沙水。
（以下略）

（訳）

山寺の裏庭には茶の木が数本あり、春になると、新芽は竹に映えて美しい。寺の住職は客が来たということで、衣を振るって起き上がり、みずから鷹の嘴《くちばし》のような形をしている茶の芽を摘み、茶を炒りはじめた。暫《しばら》くすると、芳しい香りが寺中に広がり、そこで、金沙泉から汲んできた湧き水

で茶を煎じた。

唐代では、釜炒り製茶がどれくらい飲まれていたかは不明だが、この詩からは、少なくとも寺院製茶の中にすでにあったことが伺《うかが》える。当時はまだ主流ではなかったが、明代に入って急速に発展し、中国の緑茶は、ほとんどこの製法で製茶されるようになる。

唐代の製茶の中でもっとも有名なのは、なんといっても「餅茶」という固形茶である。固形茶の製造は中国の喫茶史においては、画期的な意味がある。固形茶は「散茶」より運搬しやすく、しかも湿気に強い製茶なので（宋代では、防湿効果を高めるため、その表面に油を塗るものもある）、より遠くへ運ぶことが可能になるからである。この固形茶が産地以外における喫茶の普及を促したといっても過言ではない。「餅茶」の製造がいつから始まったか明らかではないが、中国の製茶に関する最初の文献である『広雅《こうが》』が、同時に「餅茶」の製造に関する最初の記録でもあることから、流通する商品としては、「餅茶」がもっとも古い製茶であったと思われる。

「餅茶」の製法は、唐代になるとかなり成熟された。『茶経』の〈三之造〉の章では、その製造工程が「採」「蒸」「搗」「拍」「焙」「穿」「封」の七文字に集約されている。詳しい叙述はされていないが、〈二之具〉の章に述べられた製茶工具と、その用途についての説明とを合わせて見れば、「餅茶」の製法が次のようになっていることがわかる。

「採」　三月から五月の間、晴れ上がった日に、茶の芽を摘んで背負っている茶篭《かご》に入れて運ぶ。

「蒸」　蒸篭《せいろう》に簀子《すのこ》を敷き、その上に茶葉が入った手篭を置いて蒸す。蒸し上がったら、木製の三つ叉《また》でかいて広げ散らす。

「搗」　臼《うす》に蒸しあがった茶葉を入れ、杵《きね》で搗《つ》き砕く。

「拍」　型を台の上に置き、搗き潰した茶葉を入れて固く押し込み、形になるように強くたたく。できた茶餅を並べて、自然乾燥させる。

「焙」　茶餅に穴を開け、串にして「焙《ホウ》」という乾燥機に入れ、遠火で乾燥する。

「穿」　楮《こうぞ》の皮を紐にして、製品の餅茶を繋《つな》ぐ。一繋《つなぎ》の重さによって、「上穿」「中穿」「小穿」と呼ばれる。

「封」　「育」という焙炉《ほいろ》に保存する。

このような製法で造られた「餅茶」を、薬研《やげん》（注2）で粉末にしてから、釜で煮て飲むのを「煎茶」という。陸羽は『茶経』の〈五之煮〉と〈六之飲〉の二章で、この「煎茶」について、水の選択や茶器の種類から、具体的な煮方や飲茶時の心構えにいたるまで、筆意を尽くして詳細に述べている。その中で特に注目されるのは、茶末を煮出すとき、塩で味付けして、茶の泡沫とともに飲むことである。茶の真の味を損なうとして、生姜・葱・茱萸などを排斥した陸羽が、なぜ塩を使用したのか興味深いことである。また、茶の泡沫を飲むのも、後に大流行となった「点茶」を彷彿させる飲み方である。「煎茶」と「点茶」の違いは、前者は沸騰した湯を竹筴《ちっきょう》で掻《か》き混ぜながら茶末を落とし、しばらく煮て泡沫を点《た》てるのに対して、後者は茶末を直接茶碗に入れ、その上に熱湯を注ぎ、茶筅《ちゃせん》で泡沫を点てるという点にある。飲み方は異なっているが、茶の液体だけでなく、浮いている泡沫も賞味するという考えは同じである。

陸羽流の煎じ方と飲み方では、魚の目のような湯玉が沸き上がったら、適量の塩を入れて味を付ける。湧き水のような湯玉になったら、湯をまず一杓《しゃく》汲み出して湯桶《ゆとう》に取っておく。続いて竹夾で沸騰した湯をかき回し、湯水の中心から茶末を入れる。湯玉が波のように沸き上がってきた時に、湯桶に汲み出しておいた湯水を注ぎ、沸騰を止める。すると、茶湯の泡が豊富に膨れ上がってくる。これが茶の精華である。熱い内に茶碗に汲《く》み出して飲む。一釜は多くとも5杯までにし、茶湯の精華（泡）を均等に汲み分けなければならない。

実は「点茶」も、唐代から存在していた飲用法の中の一つである。「煎茶」より手間が掛からず、集団で一度に飲用できるなどの利点から、儀式を重んじる禅院の茶会に、略式の喫茶としていち早く受け入れられていた。しかし、陸羽の時代ではまだ主流にはならず、一般社会で普及するようになったのは、後の宋代からである。

陸羽は「煎茶」用の茶器も考案し、最高の味が楽しめるように、使い方だけでなく茶器製造の材料まで一つ一つ記している。

第四章で記した茶器は全部で二十四種類ある。現代人の目には大変煩雑のように見えるが、すべては陸羽自身が考案し選定したものであったらしい。真新しい茶具の登場は唐代の人々に大きな刺激を与え、茶道の大流行を呼び起こすきっかけとなった。これらの茶器は、後代の日本茶道の基本ともなっているので、ここではすこし紙幅を借りて解釈させていただく。

その一：風炉《ふろ》と灰承《はいうけ》

陸羽が考えだした風炉は今の茶の湯で使われているものと比べると、かなり芸術的に凝っている。外形は古代中国で祭祀用の器具である鼎《かなえ》の形をしており、鉄製か銅製のものである。風炉の壁には風通しの口を三つ設けてあり、それぞれの口の上方に「伊公」「羹陸」「氏茶」の文字が刻まれている。繋げて読めば「伊公の羹・陸氏の茶」の意味になる。伊公とは湯王《とうおう》を補佐して夏《か》を滅ぼし、天下を平定した殷の功臣、伊尹《いいん》のことである。伝説によると、伊尹は史上はじめて鼎で料理を作った人である。ここで、陸羽は自分が伊尹と同じように鼎で茶を煎じる伝統を創った最初の人だと表明したわけである。風炉の三本の足は、一本に「坎上巽下離于中」、一本に「体均五行去百疾」、もう一本に「聖唐滅胡明年鋳」と、合わせて21の古文字が書いてある。周易の「鼎卦《ていか》」では「巽下離上」

となっているが、それによると、「巽《そん》」は風を司り、「離」は火を司るので、鼎はエネルギーの源である。陸羽はそれに水を司る「坎《かん》」を加えて、茶を煎じる水・風・火の三者関係を示している。これに関連して、彼は風炉の内部に置かれる釜を支えるための鉄格子にも「坎巽離」の三卦《さんか》の符号を刻み、さらに水を象徴する「魚」、風を象徴する「彪《ひょう》」と火を象徴する「翟《てき》（キジ）」の図を施した。その下には灰受けが置かれ、風炉の内壁には温度を高めるための泥が塗ってある。

茶葉は土に生える茶の木から採り、鉄製の風炉に架けた鉄製の釜に入れ、火の力で水と一緒に煎じられているから、茶は金・木・水・火・土の五行をあまねく整えている飲み物であり、飲むとすべての病気を取り除くことができる。「体均五行去百疾」とはこの意味である。「聖唐滅胡明年鋳」は風炉鋳造の年代であるので、安史の乱を平定した唐の広徳元年（763）の翌年、広徳2年（764）に風炉が完成したことになる。このように、風炉の設計は儒教の倫理観念とその宇宙観に基づいて行なわれたことがわかる。陸羽が設計した鼎形の風炉は文人の間では大受けになり、多くの漢詩に歌われているが、民間では、そのほかにもさまざまな形の風炉が使用されており、素材も鋳鉄に限らず、泥製の物や石製の物、瓦製の物などがあり千変万化である。日本では茶の湯の風炉は、陸羽の伝統を受け継いだ鋳鉄製や銅製のほか、陶製のものもよく見かける。

その二：筥《きょ》

竹か籐を編んで作った円形の炭取で、炭を入れる篭である。茶の湯では方形の物、楕円形の物も使われている。

その三：炭楇《たんた》

炭を割るのに使う六角形の鉄棒である。

その四：火筴《かきょう》

炭を取る火箸《ひばし》で、鉄製か銅製である。

その五：鍑《ふく》

口の大きい釜のことを「鍑」という。唐代から地方により石製のものもあれば、磁器製のものもある。高級品になると銀製の釜まで使われていた。しかし陸羽は五行的な設計理念に基づき、極力鋳鉄製の釜を推奨している。鋳鉄製は朴直の趣を持ち、堅実で長持ちするし、鉄分が湯に溶けだしてまろやかな茶湯になるからである。

日本では茶の湯の茶釜は湯を沸かすのに使用されるので、口が割りと小さい上、蓋《ふた》が付いている。それに比べると、唐代では釜で直接茶を煎じ出すので、蓋のない広口のものを使う。陸羽が「釜」

ではなく「鍑」という字を選んだのはこのためである。陸羽は早く湯を沸騰させるために、「鍑」の外側をザラザラにし、内側の底の中心部に突起を設けた。熱をより良く吸収し、中心部から沸かせて、そこに茶末を投下する。次の「煎じ方」の章では水一升、5杯分になる用量で煎じるとなっているので、小さめの釜である。

宋代になって、点茶が流行すると「鍑」がほとんど淘汰され、その代わりに「湯瓶《とうびん》」が使いだされた。点茶と湯瓶は、唐代後期から盛んになった禅宗喫茶の形式が民間に広まったもので、禅宗の日本伝来とともに日本にも伝わった。その風景は今でも日本の禅寺で見られる。

その六：交床《こうしょう》

釜敷きである。陸羽が設計した釜敷きは床几《しょうぎ》(折りたたみ椅子)に似ているので、この名前が付いた。

その七：筴《きょう》

竹で作った鋏《はさみ》である。餅茶を挟んで火に炙るのに使う。よく湿気を取り、芳しい香りを出してから粉に擂《す》るのである。これは古くから伝わった餅茶の作法であるが、文献的には前述の『広雅』に初見する。

その八：紙嚢《しのう》

籐紙で作った紙袋である。炙った餅茶を入れ、香りを逃がさないようにするためである。

その九：碾《てん》と拂末《ふつまつ》

橘《たちばな》や梨、山桑など硬質の木で作った外側が方形の薬研《やげん》で、餅茶を入れ、押し砕いて粉末にする道具である。鳥の羽で作った羽箒《はねぼうき》は茶末を集めるのに使う。宋代から茶臼が薬研に取って代わってからは、より細かい粉茶を得られるようになった。陸羽の時代では茶末の粒子は粗く、煎じて飲むのが一般的であった。点てて飲むようになったのは、晩唐のころからといわれている。

その十：羅《ら》と合《ごう》

篩《ふるい》と茶入である。篩は竹で円形の枠を作り、絹を張ったものである。篩にかけた茶末は茶の湯の抹茶よりはるかに粗く、小粒の米ぐらいの大きさであるので、粗い目の篩である。茶入は竹製ならその節を生かしてできたもので、また杉を曲げた筒に漆を塗ったものもある。

その十一：則《そく》

則とは茶匙《ちゃさじ》のことである。陸羽が挙げた茶匙の素材は貝殻、銅、鉄、竹などである。大きさは一寸で、ちょうど一釜の用量になる。

その十二：水方《すいほう》

水指《みずさし》である。『茶経』の水指は、槐《えんじゅ》、楸《ひさぎ》、梓《あずさ》など木目の細かい木で方形に作る。茶の湯では木製のほか、多くは陶製である。

その十三：漉水嚢《ろくすいのう》

水漉《こ》しである。枠は銅製で、袋は絹で縫って作る。水を汲むときは、別に緑色の油絹で作った袋「緑油嚢」があって、漉した水を受ける。「漉水嚢」は、もとは仏教修行僧が持つ六物（大衣、上衣、内衣、鉢、座具、漉水嚢）の一つで、飲水を漉すための用具であったが、寺院育ちの陸羽はそれを喫茶用具に転用した。しかし後世の喫茶では「漉水嚢」はほとんど使われていない。常に清潔な用水を確保できるからであろう。

その十四：瓢《ひさご》

瓢（ひょうたん）を割って作った柄杓《ひしゃく》である。陸羽の時代ではそのほかに梨の木で作った柄杓も常用されていた。日本の茶の湯ではほとんど竹製である。

その十五：竹筴《ちくきょう》

沸騰した湯をかき回すのに使う用具で、竹のほか桃、柳、蒲葵《ほき》（ヤシ科の高木）、柿などの木で作る。

その十六：鹺簋《さき》と揭《けい》

磁器製の塩入と竹製の塩すくいである。陸羽の喫茶作法では、湯が沸いて来た段階で塩を入れる手順がある。唐代の煎茶は茶末と一緒に飲む非常に濃い茶なので、塩で甘味を引き出し、茶湯の味をまろやかにするためであった。現に塩は茶湯の味を薄める働きがあることはすでに実証されている。

その十七：熟盂《じゆくう》

磁器製か素焼きの陶製の湯桶《ゆとう》である。沸騰した湯を取っておくのに使う。

その十八：盌《わん》

茶碗。陸羽は『茶経』で極力越州産出（浙江省紹興）の青磁茶碗を推賞している。玉のように半透明の越州産の青磁茶碗は、視覚的に餅茶の淡い赤色の茶湯を美しい緑色に映していくからである。

中国では時代とともに、茶人たちが愛用している茶碗が異なってきた。宋代では黒の天目茶碗が珍重され、明代では小振りの白磁茶碗が登場した。これは歴代の製茶方法と茶湯の色が関係している。宋代では固形茶の製茶技法が著しく進歩し、唐代の餅茶よりきめ細かな団茶が製造され、飲み方も点てるように変わった。特に民間ではやっている「闘茶」では茶碗に膨らむ泡を競う遊興なので、黒の茶碗を使用すると、白い茶泡がいっそう豊富にしかも鮮やかに見える。明代になって固形茶が衰退し釜炒りの葉茶が主流となると、白磁の茶碗がはやりだした。炒り製茶は薄茶色を呈しており、白磁の茶碗に入れると明るい茶湯になる。喫茶は味だけではなく、視覚で楽しむものでもある。

その十九：畚《ほん》
蒲《がま》で編んで作った円形の茶碗入れで、茶碗が十個入る。

その二十：札《さつ》
釜洗いに使う刷毛《はけ》である。棕櫚《しゅろ》で作り、筆の形をしている。

その二十一：滌方《できほう》
楸《ひさぎ》の木で方形に作った水こぼしである。茶の湯では建水という。

その二十二：滓方《しほう》

木製で方形の茶殻入れである。

その二十三：巾《きん》

絁《あしぎぬ》（絹織物の一種）でできた茶碗を拭く布である。

その二十四：具列《ぐれつ》

木製か竹製の茶棚である。

その二十五：都籃《とらん》

竹の皮を編んで作った茶箪笥《ちゃだんす》で、前記の二十四種類の茶具を収納する。

いうまでもなく、陸羽が創製したこれらの茶具はすべて彼が提案した餅茶の作法に使われているものだが、後世の喫茶、特に日本茶道の成立に決定的な影響を与えている。茶の湯で使用されている茶具は元をたどれば、そのほとんどが陸羽の『茶経』に帰結するといえる。

『茶経』の後半は〈喫茶の記事〉〈茶の産地〉〈略式の飲み方〉と〈茶事の図〉の四章からなっている。

各章の内容はそれぞれのタイトルに示されている通りであるが、〈喫茶の記事〉の章は歴代の喫茶に関する資料を集めたもので、伝説と史実が入り混じっており、内容は大変雑多である。後に誰かによって付け足されたものもかなりあると指摘されている。

一方、〈茶の産地〉には唐代の主要な茶産地が記されている。それは『新唐書・地理誌』とほぼ一致しているので、唐代における茶の生産状況の大概を把握することができる。それによると、8世紀から9世紀までの中国では、現在の河南省を北限に、黄河流域以南のほとんどの地域で茶の生産が行われていた。陸羽は熟知している地元の湖北省をはじめ、湖南省、陝西省、河南省、安徽省、浙江省、江蘇省、江西省、四川省の順で各地の茶園から産出した茶の品質について、上・次・下・又下の四ランクに区分して品評している。その他に貴州省、福建省、広東省、広西省、ベトナム北部の産茶も挙げているが、たまにしか手に入らないため、等級の区分などはされていない。後に宋代皇室の御用茶として名高い福建の製茶もまだ無名のままであった。唐代では、浙江省呉興産の紫《し》筍《じゅん》茶と四川雅安《がぁん》産の蒙頂《もうちょう》茶が時代を代表する名茶の双璧をなしていた。

『茶経』巻末の〈略式の飲み方〉では、外遊先での飲茶が述べられている。この章で、陸羽は山野や林間では形式にこだわらない、自然のままの茶事をすすめた。その一方、都会の王侯公卿の喫茶に対しては、『茶経』に列挙した二十四の茶器の使用を要求している。

この意味で、『茶経』は貴族や官僚などの上級階層のために書かれたものであることが明白である。

陸羽は生涯仕官せず、気ままな隠棲《いんせい》生活を送っていたが、仏教に通じ、儒教的な教養を身に付けた真の文人である。それゆえに『茶経』に展開されている茶事は、下層民間人の喫茶と一線を画している。

このように『茶経』は、寺院喫茶をベースに、陸羽自身の幾多の創意工夫を加味して斬新で閑雅な喫茶様式を確立した。そして、これがひとたび世に出されると、時の多くの文人を魅了し、陸羽流の喫茶が、あっという間に世間を風靡《ふうび》していったのである。

『茶経』をひもといてみると、そこに登場してくる茶は、いささか体裁ぶった感じではあるが、陸羽は時代に先駆けて、茶書の伝統を作り、喫茶のルールを決め、また茶人のモラルである「精行倹徳」を提起するなど、不滅の功績を残したといえよう。

4　日本への伝播と茶税の徴収

唐の「餅茶」は中国の北方地域に定着したほか、西域との通商によって、周辺の遊牧国家にも伝播された。唐代中葉から、回紇《かいこう》（ウイグル）などの商人が馬を連れてきて、茶を買い付けるという「茶馬貿易」が盛んに行われるようになり、喫茶の風習が西へと広がっていった。「餅茶」のような固形茶は、放牧生活を営む民族にとって、持ち歩くのに便利な上、長期間の保存ができるため、チベットやモンゴルでは今でも飲まれている。地方によっては固形茶を砕いてミルクと一緒に煮出した後、塩を入れて味付けしているところもある。「餅茶」の古い飲用法の名残であろうか。

この時期に、唐のこの「餅茶」とそれを使った「煎茶」の飲法が、仏教の伝播と共に朝鮮半島、そして日本にも伝えられた。朝鮮半島での喫茶は、結局は寺院にとどまって、世間一般に広がらなかったのに対して、日本では唐の「煎茶」は、茶文化の日本伝来の第一波となり、その後の喫茶普及のための確固たる土台となった。

日本に最初に茶を将来したのは、平安時代初期の入唐《にっとう》留学僧たちであった。『日本後記』弘仁六年（815）四月二十二日の条に、次のような記録がある。

近江国滋賀韓崎《からさき》に幸す。便ち崇福寺を過ぐ。大僧都《だいそうづ》永忠、護命法師等衆僧を率いて門外に迎え奉る。皇帝輿《こし》を降り、堂に上り、仏を礼す。更に梵釈寺を過ぐ。輿を停めて詩を賦《ふ》す。皇太弟および群臣、和し奉る者衆《おお》し。大僧都永忠手自《ず》から茶を煎じすすめ奉る。

これを見ると、嵯峨天皇は滋賀の韓崎に行幸して、その帰途に滋賀の山中にある梵釈寺に立ち寄り、大僧都永忠から煎茶の接遇を受けたという。永忠は何十年（注3）も中国で生活した経験があるので、唐の「煎茶」の煮方や手順作法などに熟達していたという。また、こうした茶事は、唐国からの帰還僧でなければできることではなかった。彼らは中国から持ち帰った茶を使っていたと思われる。

永忠のような長期滞在者のほかに、空海や最澄ら短期の留学僧たちも大陸の茶文化の将来に貢献していた。無論、茶は当時、高貴な舶来品であり、彼らの茶事も庶民とは無縁の、上流社会の風流に属するものであった。現に『経国集』の「(空)海公と茶を飲み山(高野)に帰るを送る一首」と題する嵯峨天皇の詩を見ても、『凌雲集』の仲雄王が「(空)海上人に謁す」の詩に詠んだ「石泉洗鉢童、鑪炭煎茶孺」の句を見ても、いずれも仏教に帰依した皇族や貴族たちの飲茶生活の風景であった。

永忠や空海、最澄らは、密教と天台学を学んだ留学僧たちである。彼らが唐風の喫茶伝来の担い手となったことは、唐代における飲茶が、寺院茶礼を生み出した禅宗だけでなく、仏教界全体の行為となっていたことを示している。

しかし、残念なことに唐風文化への憧憬《どうけい》に支えられ、入唐留学僧たちを中心に営まれていた宮廷喫茶は、遣唐使の中止とともに廃絶してしまった。当時、入唐僧たちが日本に持ち帰ってきたのは、主に「餅茶」の製品のみで、「餅茶」の製造法が日本に定着しなかったことや、日本寺院における茶樹の栽培が正式に行なわれていなかったことなどが原因であった。日本での喫茶の普及は、栄西《ようさい》をはじめとする鎌倉時代初期の入宋僧たちの活躍を待たなければならない。

一方、中国では、唐の建中元年（780）から茶税の徴収が始まる。安史の乱を経て、空になった国庫を満たすための臨時的な措置であったが、「十分一税」つまり10％の茶税を茶商にかけたところ、莫大な税収をもたらすことになった。それ以来、茶税の徴収が定着し、茶の生産拡大に伴って、国家収入の主要な財源になった。その後、茶の密売を防ぐ措置として、会昌年間（841～846）から「搨地税《とうちぜい》」という道路通過税を新しく導入したり、大中6年（852）に時の転運使（各地方の物資を都に運ぶ監督役）の裴休《はいきゅう》が制定した茶法十二条を公布したりして、税収の徹底化を図った。その他に茶産地に対しては、「貢茶」（献上茶）という実物による課税を施した。唐代「貢茶」の主な産地は、『新唐書』〈地理誌〉によると図の通りになっている。

①懐州河内郡（河南沁陽）
②峡州夷陵郡（湖北宜昌）
③帰州巴東郡（湖北秭帰《しき》）
④虁《くい》州雲安郡（四川奉節）
⑤金州漢陰郡（陝西安康）
⑥興元府漢中郡（陝西南鄭）
⑦寿州寿春郡（安徽寿県）
⑧盧州盧江郡（安徽合肥）
⑨蘄《き》州蘄春郡（湖北蘄春《きしゅん》）
⑩申州義陽郡（河南信陽）
⑪常州晋陵郡（江蘇宜興《ぎこう》）
⑫湖州呉興郡（浙江呉興）
⑬睦《ぼく》州新定郡（浙江建徳）
⑭福州長楽郡（福建福州）

⑮饒《じょう》州番陽郡（江西波陽）
⑯渓州霊渓郡（湖南沅陵《げんりょう》）
⑰雅州盧山郡（四川雅安）

図中の地名は陸羽が『茶経』〈八之出〉で詳述した唐代の茶産地とほぼ一致している。この中でもとりわけ、『茶経』と唐・裴汶《はいぶん》の『茶述』、唐・楊華《ようか》の『膳夫経手録《ぜんぷけいしゅろく》』などの記述を合わせると、浙江呉興の顧渚紫笋《こしょししゅん》茶と四川雅安の蒙山蒙頂《もうざんもうちょう》茶が、当時では最高の「貢茶」とされていたようである。また唐代になると、黄河以南の南は福建省まで、東西は浙江省から四川省にいたるまでの広大な地域から、銘茶の産出があったことがうかがえる。これらの良質な茶は、名前と製法こそ長い歳月を経て、幾多の変更と改良があったが、今日も製茶され続けており、今なお名茶の地位を保っている。

そのほかに、文宗の太和9年（835）にいっときではあったが、「榷茶《かくちゃ》」と呼ばれる茶の専売制を実施した。今まで個人で営んできた茶園と製茶場を廃止し、茶樹を官営の茶園に移植させ、民間の製茶を禁止したものである。ところが、この制度は茶農たちの激しい抵抗に遭い、結局、専売制の確立を主張して任命された榷茶使（専売の監督官）の王涯《おうがい》が殺され、官営茶園も2か月足らずで挫折した。茶の専売が、鉄や塩のように、唐代の中国で確立していたら、茶の歴史は違ったものになったかもしれない。

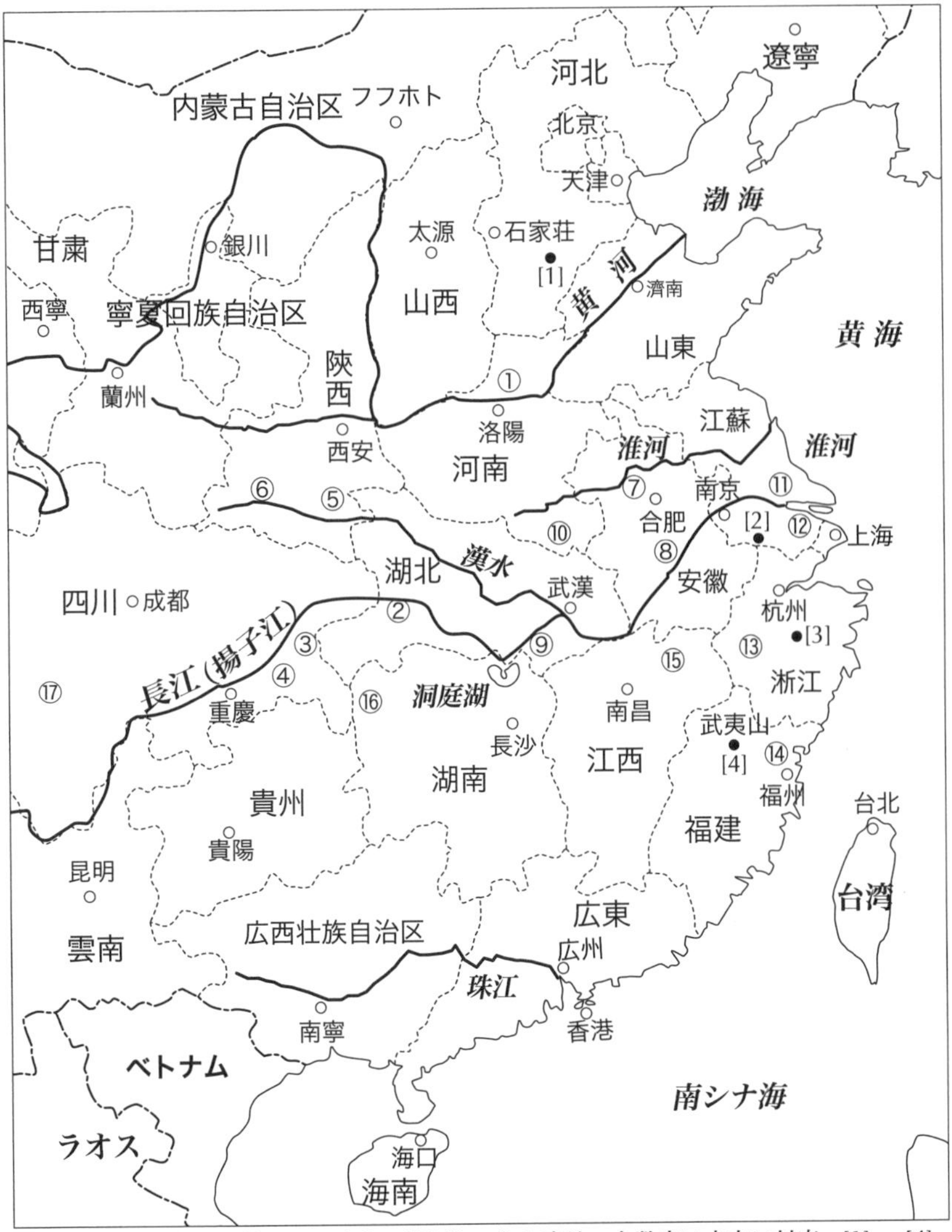

『新唐書』(地理誌)による唐代の「貢茶」の主な産地。丸数字は本文に対応。[1]～[4]は主要な茶器産地で [1] 白磁茶碗の邢窯、[2] 紫砂茶壺の宜興、[3] 青磁茶碗の越窯、[4] 天目茶碗の建窯

注1：（P59）悟りは言説をもって伝えるのではなく、実践を通して伝えるものである。
注2：（P72）漢方で、薬種を砕いたり、粉末にしたりするために用いられる。
注3：（P85）唐に30年ほど滞在していたといわれている。

第四章　固形茶の時代

中国安徽省・宏村

1　北宋時代の団茶と専売制度

宋代の製茶方法には、固める固形茶と固めない散茶の二種類がある。その中で、固形茶は主要な製茶法であり、基本的には唐の餅《へい》茶を受け継いでいる。960年から1126年までの北宋期の首都は中原の開封に置かれ、政治・経済・文化の中心は相変わらず北中国にあったので、「貢茶《こうちゃ》」としては、運搬と保存のしやすい固形茶の需要が高かったからであろう。唐の「餅茶」に対して、宋代の固形茶は「片《へん》茶」、または「団《だん》茶」と呼ばれ、餅茶よりずっと精巧に作られている。砕く手法は、唐代では蒸した茶葉を臼《うす》に入れて杵《きね》で搗《つ》くが、宋になると摺《す》り鉢で擂《す》るようになり、より細かく砕くことができるようになった。型も小さくなったうえ、細かい龍や鳳凰の模様が施されている。どちらかというと、カサカサ感のぬぐえない唐の餅茶に比べて、宋の団茶は飾りが華麗で、表面が滑らかで光沢のある品々であった。飲む際には、『茶経』で指定された薬研《やげん》は使わなくなっており、代わりに茶専用の碾《ひ》き臼（茶臼）を使っている。薬研では、茶末といっても、実は茶の細粒程度にしか仕上げられないが、茶臼に切り替わったことで、初めて正真正銘の粉末を得ることができるようになった。

宋代の固形茶に見られたこうした変化の背景には、官営茶園の創設と「点茶」の普及の二点が考えられる。宋は建国すると、いち早く茶の専売に踏み切った。北宋の沈括《しんかつ》の『夢渓筆談《むけいひつだん》』によると、乾徳2年、すなわち政権が建てられてわずか4年目の964年に、都の開封の他、福建・陝西・湖北などの6地方の要所に榷貨務（専売局）を置いた。その下に全国計13の官営茶園が管轄され、茶の栽培・製茶・出荷・貢茶・貿易などのすべてを管理した。茶農は官営茶園の「園工」となり、政府出資で同一規格の茶の生産に携わった。収穫時には、茶は元金と税金に換算して差し引かれ、残ったものも政府に指定価格で買い取られた。政府は買い取った茶を、茶商人たちに卸した。商品の茶は卸し市場のような場所に集められて取引をするのではなく、茶商は各地の専売局に茶の代金を払い、渡された「茶引《ちゃびき》」（受け取り券）で、指定の官営茶園へ直接受け取りにいく制度であった。宋政府は、茶税の徴収により巨額の利益を手に入れた。茶農から低価格で買い取った茶を、高価格で茶商に売ったからである。

古くから行なわれてきた塩、鉄に続き、茶の専売史がここに正式に幕を切って落とされた。その背景には、王安石《おうあんせき》（北宋の政治家）が「民間における茶の飲用は、米と塩のように一日たりとも無くてはならない」（『王文公文集』巻三十一）と言っているように、茶は当時の中国では、すでに日常の必需品になっており、その取引と貿易によって莫大な利益が生まれることがある。茶は、国家財政の重要な供給源となったことを物語っている。この制度は元と明を経て、中国の最後の清王朝の咸豊年間（1851～1862）まで続き、歴代王朝を支える経済の大きな支柱の一つとなった。反面、宋から清後期までのこの九百年間に、茶の密輸と密売も絶えなかった。

宋代には、主要な茶園はほとんどが官営化された。固形茶の生産は、湖北・安徽・江西・湖南・河南・福建・江蘇・浙江の各州にわたり、散茶は主に、江蘇・浙江・安徽と湖南・湖北の一部で作られた。唐代にはあまり有名ではなかったが、福建の建安は宋代になると、一躍最大の茶産地になった。特に建安の北苑茶園は、「貢茶」と呼ばれる宮廷御用茶の専用茶園として名を知られ、前述の龍や鳳凰の紋様が付いた固形茶を製造していた。北苑茶園の製茶は、宋代のみならず、史上最高レベルといえる固形製茶であった。宋代の前はもちろんのこと、宋の後にも北苑製茶を超える固形茶はついに現れなかった。

宋の茶書の多くは北苑製茶を扱ったものである。主なものには、蔡襄《さいじょう》の『茶録《ちゃろく》』、黄儒《おうじゅ》の『品茶要録』、徽宗《きそう》の『大観茶論《たいかんちゃろん》』、熊蕃《ゆうはん》の『宣和《せんわ》北苑貢茶録』、趙汝礪《ちょうじょれい》の『北苑別録』などがある。これらの茶書の中で、蔡襄の『茶録』と徽宗の『大観茶論』は、茶樹の特徴や生成条件、製造法一般、良茶の選別方法、飲用法、茶具、茶器などを論じた、茶に関する総論的な茶書である。

蔡襄は北宋の仁宗・英宗の二代の皇帝に仕えた有能な官吏であるとともに、北宋を代表する著名な文章家でもある。福建仙游県の出身で、福建の製茶を誰よりも知っている人物である。『茶録』は、彼が福建転運使（財政・監察などを司る地方の行政長官）在任中に書いて仁宗皇帝に上進したものである。その前に献上した「上品龍茶《じょうほん》」の貢茶が御意にかなったことと、陸羽の『茶経』には北苑製茶に関する記述がなく、前任の転運使である丁謂《ていい》の『茶図』も製茶法を論じただけで、福建流の喫茶には触れていなかったことが上進の理由であると序に書かれている。『茶録』は上下二篇から成っており、上篇の「茶の論」と下篇の「茶器の論」に分かれている。その内容は次の通りである。

茶の論

①　茶の色：白茶が貴ばれる。青みがかった白茶は黄色っぽい白茶より勝っている。
②　茶の香：茶には茶特有の香がある。「貢茶」は龍脳（香料）を少し入れて香りを付けるが、福建の民間では一切入れない。
③　茶の味：滑らかで甘味がある。
④　貯蔵法：蒲《がま》の葉で包んで焙炉《ほいろ》に保存する。
⑤　炙《あぶ》り方：古い茶はまず熱湯に浸し、表を削ってから弱火で炙る。新茶はその必要がない。
⑥　碾《ひ》き方：紙にしっかり包み、槌《つち》で砕いてから碾き臼で碾く。
⑦　篩《ふる》い方：細かく篩う。
⑧　湯加減：沸かさなければいけないし、沸かし過ぎてもいけない。
⑨　温め方：使用する前に茶碗を必ず温めておく。
⑩　点て方：熱湯を少々入れて、茶末を均一に混ぜる。再度湯を入れ、円を描きながら手を回して強く点てる。よい茶は、色が鮮やかな白で、水痕がない。

茶器の論

①焙炉：竹製で蒲の葉に覆われ、常温で茶の色・香・味を養う。
②茶箱：焙炉に入れない茶は、蒲の葉を敷いた茶箱に入れ、高所に保存する。
③台と槌：茶を砕く用具である。打ち台は木製で、槌は金か鉄製がよい。
④茶鋏《はさみ》：茶を炙るときに使う。金製か鉄製である。
⑤茶臼：銀製か鉄製である。
⑥茶篩：目が極めて細かいものが入用である。四川東川産の絹が奨めである。
⑦茶碗：茶は白茶が貴ばれるので、黒い茶碗が最適である。温めたら冷めにくい厚めのものがよい。
⑧茶匙《さじ》：福建では重い茶匙を使う。茶を点てるときに力が入りやすいからである。
⑨茶瓶：湯沸かしに瓶を使う。金がいちばんだが、民間では銀か鉄製、また磁器の茶瓶が使われている。茶を点てるときに、茶瓶で湯を注ぐ。

蔡襄の『茶録』を読むと、同じ固形茶にも関わらず、唐のそれと比べて宋の固形茶がかなり変化してきたことがわかる。唐代では茶釜で煮て飲むのに対して、宋代では茶瓶で沸かした湯を、茶末の上に直接注いで飲むようになった。その際、泡が出るように茶匙で（注1）力強く撹拌し、湯と茶末とが溶け合ったどろっとした茶を作る。飲用する時は、白い泡を美しく目立たせる為に黒い茶碗を使用するが、特に福建の建窯《けんよう》で焼かれた天目《てんもく》茶碗が珍重されている。茶は液体だけではなく、茶末も一緒に飲用するのが、『茶経』以来の中国の主流な喫茶法であった。ただし、茶釜で煮るのを「煎茶」といい、茶碗で攪拌するのを「点茶」といって、飲用形式では区別している。

宋の徽宗皇帝が著わした『大観茶論』では、形式はほとんど『茶録』に沿っているが、内容は、宋の固形茶（厳密にいえば、宮廷御用茶）の飲用法についてより詳細に書かれている。徽宗は中国きっての風流人であるだけに、茶に対するこだわりが随所に見られる。茶事ばかりではなく、詩、文、書、画のどれを取り上げても、彼は超一流の大家である。しかし残念ながら、徽宗はまた中国きっての駄目な政治家でもある。彼は長年の強敵である北方の遼《りょう》を挟み撃ちにしようとして、東北に新たに興起した金《きん》との安易な駆け引きを策略した。徽宗の策に乗じた金は遼を滅ぼし、そのまま宋に兵を進めた。徽宗は慌てて退位し、皇帝の座を皇太子に譲ったが、1126年、首都開封が陥落し捕らえられ、新しい皇帝の欽宗《きんそう》とともに遠く離れた北地に送られた。寒冷な北地で、彼は護送の途中を記録した心打たれる最後の文を残し、悲惨で淋しく情けない最期を遂げた。

このような厳しい国際環境に置かれながらも、宋皇室は豪奢《ごうしゃ》な生活ぶりを続けていた。「点茶」は煮ないので、唐の「煎茶」より緻密な製茶が要求される。官営茶園では工夫に工夫を重ねた宮廷御用茶が作られた。黄儒の『品茶要録』、熊蕃の『宣和北苑貢茶録』と趙汝礪の『北苑別録』などがこれらの製茶とその製造過程を伝えている。

製茶過程：

①　北苑の製茶場開きは啓蟄《けいちつ》節（3月5日前後）の3日前になる。茶摘みは夜明け前の五更（午前4時〜6時）に太鼓を合図に始まり、辰時（午前7時〜9時）に銅鑼《どら》を合図に終わる。この間に採る茶の芽がもっとも良質であるうえ、茶摘みの時間を長くすると茶園が荒れるからである。茶摘み人は摘むコツを知っている地元の人を使う。摘むときは指ではなく、爪で摘まなければならない。指だと茶の芽が温まって品質を損じるからである。手早く雀の舌、鷹の爪のような形をする茶芽を摘み取る。それを「小芽《しょうが》」という。その次は中芽（芽に葉1枚）を摘む。紫芽（葉が紫の芽）、白合《はくごう》（芽に葉2枚）、烏蔕《うたい》（茶蔕）などは使い物にならない。さらに小芽から芯を取り出し、水に浸す。これを「水芽」といい、小芽の中の最上品である。

②　摘んだ茶芽を再三水洗いしてから、甑《こしき》に入れて蒸す。蒸し過ぎると色が黄色になって味も淡くなる。逆に蒸しが不足すると青臭さが残る。そのいずれにもならないように細心の注意をはらう。

③　蒸し上がった茶芽を流れる水で何回も洗って冷やしてから、小搾《こしめぎ》にかけて水分を切る。それから布に包み、外から竹の皮で縛って大搾《おおしめぎ》にかける。茶の膏《あぶら》（灰汁《あく》）を絞り出すのである。

取り出して揉んでから、もう1回大搾にかける。

④　瓦の研盆に固形茶1個分ずつ入れ、水を加えながら擂《す》りこぎで擂る。水は精選したものを用い、1回水を入れると、それが染み込むまでよく擂る。水を何杯加えるかで製品が異なってくる。腕力の強い茶研夫《ちゃけんふ》が、この仕事を担当する。

⑤　研盆から取り出した茶は、攪拌《かくはん》してまんべんなく均《なら》し、揉んで滑らかにする。それから型に入れて、固形茶の白地《しらじ》を作る。型には円形や方形、花形のものがあり、文様も竜や鳳凰などさまざまである。

⑥　でき上がった固形茶の白地を乾燥する。まず強火であぶった後、沸騰した湯にくぐらせる。これを3度繰り返してから、一晩中弱火であぶる。翌日、焙炉に入れる。火は強過ぎず、煙《くすぶ》らせないように注意する。白地の厚薄によって、焙炉に入れる日数を6日から15日にする。日数が満ちたら、湯気にくぐらせて艶《つや》出しをする。その後、密閉した室《むろ》に置き、急いで扇《あお》ぐ。そうするとよい色艶が出る。

このような煩雑ともいえるほどの工程を経てでき上がった固形茶を、『宣和北苑貢茶録』や『北苑別録』、『西渓叢語《せいけいそうご》』(南宋・姚寛《ようかん》著)などによると、茶摘みの時期と製茶の工程によって10綱《こう》(ロット)に分け、綱ごとにさらに十何種類に細分する。それぞれの種類の茶には、「龍焙試新《りゅうばいししん》」「龍焙貢新《りゅうばいこうしん》」

「龍団勝雪《りゅうだんしょうせつ》」「乙夜清供《いつやせいきょう》」「御苑玉芽《ぎょえんぎょくが》」「玉除清賞《ぎょくじょせいしょう》」「承平雅玩《しょうへいがが ん》」などの御用茶にふさわしい縁起のよい名前が付けられている。

固形茶の製茶をここまでやると、莫大な財力と人力が必要になってくることが想像できる。皇室や豪族紳士たちの華麗で奢侈《しゃし》な生活を維持しながら、その一方で、脅威となる北方との平和を保つために、絶えずお金を送らざるをえなかった宋では、兵を養う財政支出を削らざるを得なかった。その結果、国家財政が逼迫《ひっぱく》した宋の軍事力は弱体化し、前述の徽宗とその子があのような悲惨な最期を遂げる結果をもたらしたのである。その事件を機に、史上最高峰に達した固形茶も衰退しはじめ、製茶工程はもっと簡素で、しかも経済的な「散茶」に取って代わられることになる。

2　宋政権の南遷と散茶の流行

開封が陥落したとき、徽宗のもう一人の子の趙構《ちょこう》が、多くの臣下に付き添われて首都脱出に成功した。翌年の1127年に、彼は南京で新皇帝に擁された。南宋政権の最初の皇帝、高宗《こうそう》である。初めは首都を皇帝即位の場所、南京にしたが、まもなくもっと南の杭州に移した。杭州は南京よりも安全であったうえ、多くの富が蓄積されていた。隋の時代に切り開かれた南北大運河の南端に位置しているため、物資の集散地として前代から栄えており、宋代では歴然たる大都市に変貌していた。さらに、杭州の周辺は唐代からの「散茶」(葉茶また草茶とも呼ばれている)の名産地でもあったのである。

固形茶は相変わらず製茶され続けていたが、効率のよい「散茶」のほうが人気を集め、量産されるようになった。散茶が人気を呼んだのには理由がある。『宋史』（元・脱脱《とと》著）によると、固形茶1斤の販売価格は、65等級に分かれて17銭から917銭まであるのに対して、散茶は109等級があるにも関わらず、15銭から121銭で販売されている。散茶のほうが幅広い消費者に対応している上、値段も安い。散茶は固形茶より製造工程が簡単なため、低いコストでさまざまな製茶ができるからである。ところが前述したように、散茶も作られたのに、どういうわけか宋の茶書のほとんどが伝統の固形茶しか扱っていない。そこで固形茶と比較するには、散茶の製法をわかりやすく解説した元初期の農業書『農書』（王禎《おうてい》著）をひもとく外はない。

採迄。以甑微蒸。生熟得所。（原注：生則味硬。熟則味減。）蒸已。用筐箔薄攤。乗湿略揉之。入焙均布火。烘令乾。勿使焦。編竹為焙。裏蒻覆之。以収火気。

（訳）

茶摘みが済んだ後、甑《こしき》でちょっと蒸す。蒸し具合は適当でよい。〈原注：火が通らないと青臭いし、過熱すると味が落ちる〉蒸し終わったら、竹筵《むしろ》に薄く広げて冷まし、湿り気があるうちに手で少し揉む。焙炉にまんべんなく火を入れ、その上に茶を入れて焦げないように乾かす。竹製の焙炉に蒲《がま》の葉を敷き、火気を収める。

粉砕と成型の工程がないことを除けば、ほとんど固形茶の製法と同じである。特に宋代に入ってから開発した「揉捻《じゅうねん》」（揉む）の手法は、『北苑別録』に見られる後期の固形茶だけでなく、散茶の製造にも適用されていたことがわかる。揉まれて製茶された茶は、飲用するときにその有効成分が出やすくなるので、搗《つ》くとか擂《す》るとかといった粉砕工程のない散茶にとっては、なくてはならない技法である。この革新的な技法により、「煎茶」から「点茶」、そして後の「淹茶《えんちゃ》」（急須に茶葉を入れ、湯を注いで飲む方法のこと。日本では「煎茶」というが、中国では唐の煎茶《ジエンチャ》と区別して、淹茶《イエンチャ》または「泡茶《パオチャ》」という）へと、製茶技術の進歩と喫茶習慣の変化に対応した新しい茶が生まれた。

また、複雑で時間と労力のかかる粉砕と成型の両工程が省かれたことは、製茶コストを下げ、さらに散茶を材料としたその他の種類の茶の開発も可能にした。例えば、おなじみのジャスミン茶に代表される「薫花茶」（通常は「花茶」と呼ばれる）や、散茶から派生した前発酵のウーロン系の「青茶」や紅茶、後発酵の黄茶・黒茶などである。これらの茶は宋代ではまだ作られていないが、後の「薫花茶」の開発に繋がるような試みがすでに見られた。

南宋の趙希鵠《ちょうきこく》の『調変類編《ちょうへんるいへん》』が、それを伝えている。

以花拌茶、終不脱俗。必欲為之。……木犀、茉莉、玫瑰、薔薇、蘭蕙、橘花、梔子、木香、梅花皆可作茶。諸花開時、摘其半含半放香気全者。量茶葉多少、摘花為伴。花太多則太香。花少則欠香。而不尽美。三停茶葉一停花始称。

(訳)

花を茶に混ぜるのは、よくあることであり、ぜひやってみたいものだ。(中略)木犀《もくせい》・ジャスミン・ハマナス・バラ・蘭・ミカンの花・梔子《くちなし》・木槿《むくげ》・梅など、どれも茶に混ぜることができる。これらの花が咲き始めたころ、五分咲きで香りのいいものを選んで摘む。茶の量を計って花を混ぜる。花が多ければ香りが強くなりすぎるが、少なければ香りが出ないから、どちらもよくない。茶の葉は4分の3で花は4分の1の割合がちょうどいいだろう。

これはまだ正式の製茶ではなく、個人的な風流心の域を出ていないが、「薫花茶」の元祖であることは間違いない。今日の「薫花茶」の製法の基本が、すでにこのころにでき上がっている。それが可能になったのは、茶産地の江南地方では、諸々の花が容易に手に入れられることと、「散茶」だからこそ二次加工ができるという2つの条件が揃っていたからである。茶と花は、ここで最高の出会いを果たしたといえよう。

一方、宮廷の御用茶では、固形茶は今まで通り福建の北苑産が珍重されていたが、これに対して、散茶は首都の杭州周辺か、その近くの産地から直接良質のものが調達でき、北宋の時より大分入手が簡便になった。特に浙江省の会稽山《かいけいさん》から産出した「日鋳茶」や「臥龍茶」、また、杭州径山の「龍井茶《ロンジン》」、江西省の「双井茶《シュアンジン》」などは、いずれも天下に名を馳せる名茶中の名茶である。

宋代の「散茶」は、蒸し製茶のほかに釜炒り製茶も少量ながら行われていた。前述した通り、釜炒りの散茶は唐代ごろから僧侶の手によって開発されたものである。鍋か鉄板の上で摘んできた茶の葉を手で揉みながら炒る製茶法は、茶本来の芳しい香りをもっとも生かすことができる。しかし、どういうわけか宋代になっても、釜炒り製茶は一向に流行せず、蒸し製法が依然として不動の地位を保っていた。

固形茶にしても、葉の形のままの散茶にしても、飲用するときにさらに粉末にしたものを「末茶」また「末子茶」と呼ぶ。宋代では、すでに粉末状態にされた製茶も販売されていたが、飲用する際には茶臼で碾《ひ》くのが普通であった。その碾き方について、北宋の有名な政治家兼詩人の黄庭堅《おうていけん》が、友人に自分の田舎で産する双井茶を紹介した手紙（『山谷別集・書簡』「答王子厚書」）の中で次のように記している。

可精洗石磑、曬乾。頻転少下、茶臼如飛。羅麺、乃善。……双井法當以蘆布作巾、裹厚坩盞一隻、置茶其中、毎用手頓之。尽篩去白毛、並簡去茶子乃磑之。則茶色味皆勝也。

（訳）

茶臼をよく洗い、日や風に当てて、十分乾燥させる。少しずつ茶臼に入れては、素早く回転させる。回し方は旋風のようにしなければならない。さらに篩にかけ、粉末にするとよいだろう。……双井茶を碾く前に、厚めの素焼き茶碗に入れて、その上から目の粗い布で覆い、どすんどすんと叩きつけると、白い毛と実が浮いてくるので、それを取り除いてから茶臼で碾く。色と味はともに最高である。

双井茶は北宋期から士大夫の間で珍重されてきた江西省産の高級散茶であるが、常に入手できるものではなかった。そこで、黄庭堅は友人に双井茶の風味を味わってもらおうと、去年の古茶を分けてやったという。飲用する際に固形茶のように砕く必要がないので、いとも簡単に茶末に加工できることがわかる。この双井茶も、後の宋の南遷によって、身近なものになった。

3　宋代民間に見られる茶の遊興

これまで述べてきたのは、宋の宮廷か士大夫《したいふ》などの官僚知識層に属する茶事であった。そのほかに、楽しくて遊興性の強い庶民レベルの茶がある。「闘茶《とうちゃ》」は、その代表的なものである。宋代の飲茶様式は「点茶」なので、茶の品質はもちろんのこと、点てる人の腕前によっても、いい茶ができるかどうかが左右される。そこで、「闘茶」のような遊びが生まれたのである。具体的なやり方は、茶末の上に熱湯をかけ、茶匙か茶筅で力強く素早く攪拌する。すると、茶末と湯が溶け合ったどろっとしたお粥のような茶の湯ができ上がり、攪拌する過程で入った空気によって生まれた豊かな泡が、その表面に浮かんでくる。「闘茶」とは、茶末と湯との溶け合い具合や泡の層の厚さを競争する茶遊びのことである。溶け具合がよければよいほど泡のできが細かくなり、長時間浮いた状態を保てるが、溶け具合が悪いと、貧弱で破れやすくて粗い泡しか浮かばず、できの悪い茶湯になってしまう。泡の破裂で茶碗の内側に水痕が残るが、その水痕が早く出たほうが負けである。今日では、このような喫茶を目にすることはできないが、宋の劉松年《りゅうしょうねん》が描いた「茗園賭市《めいえんとし》」という絵に、この「闘茶」の場面がリアルに表現されている。画面には多くの老若男女が持参の湯沸かしをぶら下げながら、春の茶市に集まり、新茶を点てて人に勧めたり、人の茶を飲んで味比べをしたりして、実に楽しく時代の風物詩を繰り広げている。それによって、人々は情感の交流とともに、茶に関する新しい知識の伝達も行なった。

「闘茶」は、「点茶」が出現しはじめた唐の後期からすでにあったという記録がある。その歴史は、「点茶」の登場とともに始まったと思われる。宋代に入って「点茶」様式の飲み方が普及すると、福建を発信地として「闘茶」も広がった。この優雅でも風流でもない茶は、その楽しさとにぎやかさによって、士大夫の喫茶とはまったく趣を異にした庶民喫茶の世界を垣間見せてくれる。

「闘茶」の本質が茶比べを通した人と人とのコミュニケーションであったのに対して、もっと芸術的な茶もあった。陶穀《とうこく》の『清異録《せいいろく》』によれば、僧侶の福全《ふくぜん》が茶湯の表面にさまざまな模様を出して、檀那《だんな》たちを楽しませたという。この種の茶を、当時の人たちは、茶の芝居という意味で「茶百戯」と呼んでいた。茶匙の点て加減によって、小動物や鳥・魚・花・草などを描いていくわけで、まさに名人の業である。

「闘茶」も「茶百戯」も、「点茶」という特殊な飲み方の上に成り立っている。南宋が亡ぶと、「点茶」の飲用法は廃《すた》れはじめ、それに伴って、こうした娯楽も姿を消していった。

4　散茶製法の日本定着

型で固めず、葉の状態を保ったままの「散茶」は、日本にも伝わった。主に入宋した留学僧の手によったものである。前述したように、茶は平安時代に唐風の「餅茶」とその飲法がすでに伝来していた。しかし、それは朝廷を中心にした貴族と、その周りを囲んでいる一部のエリートたちの唐文化に対する憧憬の念の表れか、自分たちの優雅な生活を飾る風流事の一つに過ぎず、日本社会全体に根ざしたものではなかった。従って、唐国の衰退に伴って遣唐使制度を廃止してから、それをまねる風潮は自然に消えていった。

しかし、今度は違った。宋国から帰国した際に、留学僧たちが宋の「散茶」とともにその製法をも将来した。中でも特筆すべき人物は栄西禅師《ようさい》である。当時では高年の部類に入る51歳の栄西は、1191年（建久2年）、宋国での4年間の留学を終えて帰国する際、茶種も持ち帰った。上陸した筑前の脊振山《せぶりさん》にその第一号を植えたところ、見事に芽が吹き出し、日本茶樹の元祖になったのである。現在、枝を四方八方に無造作に伸ばしたこの茶樹を見ると、八百年前のものにしてはちょっと小さすぎる感もあるが、栄西の持ち帰ったのが小葉種で、しかも改良された栽培茶であることを考えれば、納得がいくであろう。その後、これらの茶種が京都の栂尾山《とがのおさん》に植栽され、近畿地方を中心にいち早く寺院茶園が形成された。これで、衰退していた喫茶文化を根底から立ち直らせる条件が整った。消費用の茶を自力で生産できるようになったので、昔のように危険な海を渡って、中国まで買い付けに行かなくても済むのである。また栄西が学んだのが、空海や最澄ら平安僧の理論的な宗派ではなく、作務《さむ》など実践を重んじる禅宗であったことも、茶園の開設を可能にした要因の一つに数えられる。諸々の仏教宗派の中で唯一労働と生産を排斥していないのが、禅宗だからである。

禅宗の僧侶たちが日本に将来したのは、どんな製法の「散茶」だったのか。栄西が世に残した、あまりにも有名な『喫茶養生記』をひもとけば明らかになる。

一説によると、この書はもとは『茶の徳を誉むるところの書』という題目で、二日酔いに悩む時の将軍、源実朝のために書かれたものという。為政者に茶の飲用を勧めて、お墨付きを得ることができれば、茶の普及も自分自身の宗教生活も万事うまくいくはずである。栄西がこう考えていたかどうかはわからないが、彼が点てた茶を飲んだ実朝は、二日酔いがすっかり直り、大喜びしたらしい。

『喫茶養生記』の喫茶に関する部分は全部で六章からなっている。

一「明名字章」　茶の名称を明らかにする。
二「明樹形花葉形章」　茶樹や茶の花・葉の形状を明らかにする。
三「明功能章」　茶の効能を明らかにする。
四「明採茶時節章」　茶を採る時期や季節を明らかにする。
五「明採茶様章」　茶の採り方を明らかにする。
六「明調様章」　茶の製法を明らかにする。

これを見ると、栄西は喫茶全般についての知識を持っていたことがわかる。特に第五章と第六章は、本から得た知識だけではなく、栄西が宋国で実際に自分の目で確かめた情報である。第六章には次のように記されている。

見宋朝焙茶様。朝採、即蒸、即焙之。懈倦怠慢之者、不可為事也。焙棚敷紙、紙不焦許、誘火入。工夫而焙之。不緩不急、終夜不眠、夜内焙上。盛好瓶、以竹葉堅閉。則経年歳而不損矣。

（訳）

宋国で製茶の様子を見た。朝、茶の芽を摘んだら、すぐそれを蒸して、焙《あぶ》り上げる。散漫懈怠《けたい》な人、つまり怠け者にできる仕事ではない。焙炉に紙を敷いた後、紙が焦げない程度に火を入れ、丁寧に焙る。急がず緩めず、終夜不眠で、一夜の内に焙り上げなければならない。こうしてできた茶を良質の瓶に入れて、外から竹の葉を覆わせて密閉すれば、長年経ても変質しない。

これは、当時の中国における蒸し製散茶の製法であった。さらに飲用法によって、葉のままで煎じて飲むものを「茗茶」といい、粉末にして点てて飲むものを「末茶」というが、後者の「末茶」がこの時期の日本に伝わり、茶道成立の基盤を作ったのである。

栄西は１１６８年（仁安3年）の28歳ごろと１１８７年（文治3年）の47歳ごろの、2回にわたって渡宋した経験がある。そのいずれの折りにも浙江省にある天台山に学んだので、目撃したのは浙江省産出の名茶、日鋳茶の製茶法であったに違いない。栄西の2回目の滞在は、4年間にも及ぶ長期留学であったことから、「散茶」以外の製茶で、宋の代表的な「団茶」も知るチャンスがあったはずである。それなのに栄西をはじめ、入宋した留学僧たちが日本に将来したのは「散茶」だけであった。彼らを取り囲む当時の中国仏教界では、主として「散茶」を飲用していたのがその理由であろう。この「散茶」の製法と飲用法が、今日にいたるまでの日本茶の性質を決定したのである。

注1：（P96）その後、攪拌用の茶具は茶匙から茶筅に代わった。

第五章　中国茶の大転換

中国湖北省・万里茶路

1　固形茶から葉茶への転換

1279年、南宋政権は強力な蒙古騎馬軍団の前に滅んだ。この少し前の1271年に蒙古は国号を元と改め、中国大陸において、史上初めての異民族支配による統一国家が樹立された。元の支配層は遊牧民であったことと、80余年という短い王朝でもあったので、その治世期間中の諸々の制度は、ほとんど宋のしきたりを踏襲していた。製茶もそうであった。宋の伝統を継承して、固形茶と散茶が相変わらず二大製茶であった。散茶がさらに飲用法によって、末茶と葉茶に分かれているのも宋と同じである。しかし、この時期から、末茶を使った「点茶」の飲み方が廃れはじめた。元の王禎《おうてい》が『農書』でこのくだりについて、次のように記している。

末子茶尤妙。先焙芽令燥。入磨細碾。以供点試。凡点。湯多茶少則雲脚散。湯少茶多則粥面聚。鈔茶一銭匕。先注湯調極匀。又添注入。廻環撃拂、視其色鮮白。着盞無水痕為度。其茶既甘而滑。南方雖産茶。而識此法者甚少。

（訳）

末茶はもっとも優れている。まず茶芽を焙じて乾燥させ、それから茶臼で粉末にする。点《た》てるには、湯が多くて茶末が少ないと泡が浮かばないし、湯が少なく茶末が多いと、どろっとした粥になってしまう。茶末は一銭（3・15グラム）程度でよかろう。少量の湯でよく混ぜてから、さらに湯を足して茶筅《せん》で回すように点てる。色が白くなり、茶碗に水痕がなければでき上がり。その味は甘くて滑らかである。南方では茶を作っているが、この種の飲み方を知っている人はわずかである。

宋末から元の初頭にかけて、中国民間の喫茶が、末茶からより簡便な葉茶に切り替わりつつあったことがうかがえる。葉茶は二次加工を要さず、しかも湯を直接注いだり、または煎じたりして飲用できるので、元の王禎の時代から喫茶の大勢となっていた。唐末の仏教寺院から生まれて、五百年も続いた「点茶」の作法は、中国でその寿命を終えようとしていた。幸い、日本の「茶道」ではその伝統を依然として守っているが、ふくよかな泡はもう見られない。琉球に伝わって、いま沖縄で飲まれている「ぶくぶく茶」にその面影が残っているくらいである。

元代の茶で特色のある飲み方といえば、やはり遊牧民の食習慣から生まれたものである。例えば、蒙古人の忽思慧《こつしえ》が著した『飲膳正要《いんぜんせいよう》』では、茶末にバターを混ぜた「酥簽茶《そせん》」や、油とヘット（牛脂）で茶芽を炒めた「炒茶《チャオチャ》」などが紹介されている。しかし、これらの茶は蒙古人の生活圏を出たことは一度もなく、元の滅亡にともなって北へ逃走した蒙古人によって、また草原の奥に持ち帰られた。中原に残った蒙古人もいたが、彼らは漢民族化し、飲まなくなった。

茶とバターやミルクとの出会いは、何も蒙古人の発明で実現したわけではない。牛や羊を飼育する遊牧民族は、どこでも自然に両者を結び付けている。チベットの人たちは、茶にバターやミルクを混ぜる専用の茶具まで考え出している。

貧農出身の朱元璋《しゅげんしょう》らが率いる軍団に元が滅ぼされたのは、1368年であった。この年、その後276年続くことになる漢民族主体の明が誕生し、中国はまたもや安定期に入った。安定した環境は経済の発展を促し、需要の増加を呼び、それに牽引されて、人気のある商品がどんどん生産され、出回るようになった。茶も例外ではなかった。明代の初期に入ると、貢納茶と遊牧民との貿易に使われる「辺茶」を除けば、固形茶はほとんど生産されなくなり、市場を占有していたのは「葉茶」であった。先代から衰退を見せはじめた「末茶」の飲法は、完全に民間からその姿を消したのである。

明の人たちは「末茶」の面倒な点て方を敬遠し、湯を注いだらすぐに飲める「淹茶」のほうを歓迎した。茶末と一緒に飲み込む習慣がなくなり、味覚も変化してきたのである。粉末にされる前の「葉茶」を使えば、茶の葉と湯とがきれいに分離できる。泡がぶくぶくあふれ出て、粥のようなどろっとした喫茶は、明代では明らかに時代遅れになった。明風の喫茶は、茶の出汁（抽出液）を飲むことである。

しかし、古風の喫茶作法に相変わらず固執する人もいた。過去の「点茶」に郷愁の念を抱くごく少数のしぶとい文人たちである。彼らの茶書には、まだ昔の伝統にのっとった「点茶」の極意が諄々《じゅんじゅん》と説かれている。これに対して、大半の文人は流行中の「葉茶」の研究に精を出すようになっていた。「点茶」に比べて動作の手順は少ないが、工夫次第では、「葉茶」も優雅な立ち居振舞いで、上品に飲むことができるからである。

明も茶書の多い時代ではあったが、上記のように「葉茶」と「点茶」の二種類の茶に関する書が存在している。これは転換期によく見られる現象であろう。

貢納用の固形茶は、ついに明に入って間もなく廃止された。明の何孟春《かもうしゅん》の『餘冬序録摘抄内外篇《よとうじょろくてきしょうないがいへん》』によると、明太祖の朱元璋は茶農の苦労を憐れんで固形茶の献上をやめさせ、貢納茶を一律葉茶にしたとされている。そして、「祖宗、愛民の心盛れり」云々と太祖の民を憐れむ心を讃えているが、実情は別であった。朱元璋は葉茶の産地の一つである安徽省の出身なので、固形茶を飲み慣れていなかっただけである。固形茶は葉茶よりは手間がかかるが、労力と財力を要する点では、葉茶も固形茶も変わらない。愛民の心があれば、思い切って献上茶をやめさせればいいのに、献上は続けさせていたのである。

こうして、上述の貿易用の「辺茶」を除いて、固形茶の生産がこの時期から停止され、中国本土における固形茶の永い歴史は終焉を迎えたのである。

2　釜炒り製茶とその飲用法

明代の初期から「葉茶」の製法も変化しつつあった。蒸し製茶は相変わらず生産されていたが、新しく流行を見せはじめた釜炒《かまい》り製茶が、それに取って代ろうとしていた。中国の製茶は、摘んできた茶葉に熱を加えることによって、茶葉の発酵、つまり茶の葉に含まれるポリフェノールによる茶葉の酸化を止めるのが基本である。それには、一般に「蒸す」と「炒る」の二つの手法が採用されている。明代以前の製茶は、固形茶にしても葉茶にしても「蒸す」製法が中心であった。釜で炒って製茶する試みは唐代にもあったが、ごく稀《まれ》で、山僧の自家製茶程度のものであった。

ところが、この手法による製茶が明代では大いに発展した。蒸すより炒ったほうが、乾燥と揉捻と成型とが一体となっているので、製茶の工程と時間が短縮される。と同時に、炒り製茶独特の熟した栗のような芳しい香りを楽しむこともできるからである。この香りが茶末と一緒に飲み込む「点茶」の飲法をやめさせたのか、それとも茶の葉を浸けた湯だけを飲むようになってから、炒り製茶が広がったのかはわからない。はっきりしているのは、その製法と飲法が相まって、短期間の内に炒り製茶が中国大地の南北を席巻するようになったことである。

一方、この変化はまたしても大量の新しいタイプの茶書を生み出した。蒸し製茶については、書き尽くされた題材なので明の人にはあまり新味がない。現に新しい製法と飲用法の茶が流行し始めたのだから、茶の元祖である中国人としては研究しないわけにはいかない。これが、宋に次いで、明代に茶書が多い理由なのかもしれない。これらの茶書のおかげで、現代まで継承されている釜炒り製茶の初期の状況と、その飲用法を知ることができる。

明の新製茶を扱う主要な茶書は、年代順に、張源《ちょうげん》の『茶録《ちゃろく》』、許次紓《きょじじょ》の『茶疏《ちゃそ》』、程用賓《ていようひん》の『茶録』、羅廩《らりん》の『茶解《ちゃかい》』などがある。そこに書き記された釜炒り製茶をまとめてみよう。

製法：

強火で熱せられた茶鍋に少量の茶葉を入れ、素早く炒る。茶の葉は摘んだばかりの新芽を使う。半熟状態になったら、取り出して簀子《すのこ》に広げ、あおいで熱を下げる。手で少し揉んでから、鍋に戻して再度炒る。次には、弱火で温められた茶鍋に移して、水分が完全になくなるまで炒るか、または焙炉《ほいろ》に入れて焙じる。

飲法：

急須をあらかじめ熱湯で温めておく。茶瓶で湯を沸かしたら、茶を入れる。入れ方は主に、「早交」と「中交」と「晩交」の三つがある。「早交」とは、急須に茶葉を先に入れて、その上から湯を注ぐことである。急須にまず湯を半分入れてから茶葉を入れ、その後、湯を足していく方法は「中交」という。「晩交」は「早交」の反対で、湯が先で茶葉が後である。冬の喫茶は「早交」で、夏は「晩交」の入れ方をし、春と秋は「中交」の入れ方をする。

以上を見ると、その製茶方法は、現在の杭州近郊が産地の高級緑茶である「龍井茶《ロンジンチャ》」とほとんど同じである。中国の釜炒り製茶の基本が明代に完成したことがわかる。また、明代の茶書からは、緑茶の種類によって、釜炒りの前工程を終えた後の工程に、水分がなくなるまで成型しながら釜炒りを繰り返す方法と、焙炉による方法の二つがあったことも確認できる。この二つの製法は今日まで継承されており、中国緑茶の中では、前者が「炒青《しょうせい》」緑茶に、後者が「烘青《こうせい》」緑茶に大別される重要なポイントとなっている。

飲み方では、茶壺《チャフウ》（急須）の使用が普及した。これは釜で煎じて飲む唐代の喫茶、茶碗で点てて飲む宋代の喫茶と並ぶ明代喫茶の特徴であり、同時に現代風の喫茶の始まりでもある。茶壺に葉茶を入れ、湯を茶碗に差して飲むこの飲用法は、今でも中国茶を飲む時の常用飲法の一つである。そこでも、季節の移り変りに応じて、茶葉の入れ方をさらに三つに分けるという、明人の茶の風味に対する徹底的な追求ぶりには驚くものがある。茶書によっては、この三つを「上投」「中投」「下投」ともいう。夏は室温が高いから、先に湯を入れてから茶葉を投じれば、茶葉が徐々に沈んでいく過程で湯の温度も下がるので、程よく美味しい茶が煎じ出される。これに対して、外気の冷たい寒い冬になると、湯が冷めやすいので、反対に熱い湯を茶葉の上から注ぐ方法を採る。春と秋は、湯を半分入れた後、茶葉を投じ、それから湯を足していく。外気の気温と湯の温度とのバランスを考慮した入れ方である。緑茶は熱で崩れやすいので、現在でも70度の湯で入れるのが常識となっている。

そのほかには、茶壺は小さいものを使い、茶葉を投入する前に茶椀などと一緒に熱湯で温めておいたり、茶葉を一回湯で洗ったり、茶碗に茶湯を均等に差すなどの作法が、今も中国の「工夫《くふう》茶」道では守られている。

このように、中国茶は明代に入ってから、その製造方法から飲用方法まで、すべてが変革された。煩雑きわまる宋代の製茶とその飲用法に対する反動から、明の茶は簡単明瞭で実用的な傾向が強い。現在にまで至る中国茶の性格は、大体このころに完成されたのである。

3　新製茶の開発

葉茶の定着は、必然的にその他の種類の茶の開発にもつながった。南宋末期から断片的に見られてきた「薫花茶」は、この時期に独立した銘茶に発展した。茶に香りを付ける発想は中国では古くからあり、宋の貢納用の固形茶の中には、香料を混ぜてあるものもある。茶の葉はほかの香りに染まりやすい性質があるため、製茶のときはもちろんのこと、保存と飲用のときも、茶本来の味と香りを壊すようなものは避けられる。歴代の茶人たちが極力気を使っていたのも、この点である。この意味で「薫花茶」は、まさしく茶のこうした性質を逆手に取った製茶である。

「薫花茶」用の茶は、南宋時代では蒸し製茶であったが、明に入ってからはほとんど炒り製茶に変わったと思われる。一方、薫製用の花は、明の朱権《しゅけん》が『茶譜』で「もろもろの花、香りのあるものなら、どれでもよい」と言っているように、木犀《もくせい》、ジャスミン、蘭、バラ、梔子、梅など多種多様の花が使われていた。中でも、木犀やジャスミンなどの濃厚な香りのある花が多用されている。香りが強いほど茶葉に移りやすく、効果的だからである。薫製法には間接薫製と直接薫製の二つがある。二段の容器の上段に茶葉を、下段に花をそれぞれ置き、中間を穴のあいた板か、紙で隔てるのが間接薫製法である。これに対して直接薫製は、容器に直接茶葉と花を一層ずつ交互に入れる方法である。今、中国で継承されているのは直接薫製であるが、明代のそれよりもストレートで、茶葉と花をかき混ぜて薫製する手法を採っている。

薫製用の花は水分が含まれている生花なので、薫製の過程でその水分が茶葉に吸い取られてしまう。特に直接薫製の場合、容器の中の温度が高ければ、茶葉は自然に発酵を起こすことになる。実際、中国の薫花茶は、葉の色が緑茶より黒っぽく、湯の色が浅い茶色を呈している。発酵によって茶黄素（テアフラビン）が生じている証拠である。明代の薫花茶も、『茶譜』によると、茶と花を入れて密閉した容器を、一日おきに新鮮な花を入れ替えながら何日も放置するという。発酵の条件が整っていたので、その環境に置かれた茶は発酵していると考えられる。明の人は薫花茶を作る過程で、偶然にこうした発酵の技術を手に入れたのであろう。中国製茶では、この種の発酵を後発酵という。つまり、熱処理で酵素の働きを止められた茶葉は、その後、水熱の環境に置かれることで発酵を起こすのである。もう一つは、摘んできた茶葉を熱処理せず、その酵素を生かして発酵させる前発酵である。ただ、前発酵は人為的な意図が強く、技術的にも難しいので、その出現は後発酵よりかなり遅れている。

「薫花茶」は厳密な意味での後発酵茶ではない。明代初期に開発された正真正銘の後発酵の製茶は、「黒茶」であった。『明史』では「烏茶《うちゃ》」と呼ばれていたこの種の製茶は、主として中国西北部に住む遊牧民向けの輸出用製茶であった。名前の通り黒い茶で、コーヒーのような暗褐色の湯となる。最初は主にチベットに近い四川で作られていたが、まもなく湖南、湖北、雲南などの地域にも広がった。

「黒茶」の製法は「殺青《さっせい》」(熱処理)「揉捻」(揉む)「渥堆《あくたい》」(積み上げる)「乾燥」の四つの工程からなる。「渥堆」を除けば、それまでの緑茶とまったく同じ製法であるが、その「渥堆」こそが後発酵のポイントである。つまり、炒るか蒸すかによって「殺青」と「揉捻」の二工程を終えた茶葉を積み上げて、8時間から18時間放置することによって、発酵させるのが、「渥堆」である。その後、「乾燥」の工程を経て完成するが、輸出用の「黒茶」はさらに固形茶に成形される。こうしてでき上がった「黒茶」は非常に長持ちし、何十年も貯蔵できるのが特徴である。

「黒茶」の開発は、中国の製茶史においては画期的なものであった。それは外国や産地以外の地域への販路を拡大しただけではない。その真の意義は、発酵茶の生産が正式に始まったところにある。釜炒り製茶がさらに浸透するに連れて、焙じて酵素を殺す「烘青《こうせい》」製茶、乾して酵素を殺す「晒青《さいせい》」製茶などが普及し、また発酵茶の生産と開発も進んだのである。明の後期から、今の福建省あたりで、茶葉の酵素による酸化を利用した初期の烏龍茶や紅茶につながるような前発酵の製茶が行われるようになった。明代後期か晩期の書になる『王草堂茶説』や清初期の書である『物理《ぶつり》小識《しょうしき》』（方以智《ほういち》撰）の中に、その製法についての詳細な記録が見られる。『王草堂茶説』は福建の製茶について、次のように記している。

松羅龍井、皆炒而不焙。故其色純。獨武夷炒焙兼施。烹出之時、半青半紅。青者乃炒色、紅者乃焙色也。茶採而攤。攤而摝。香気發越即炒。過時不及、皆不可。既炒既焙、復揀去其中老葉枝蒂、使之一色。

（訳）

松羅茶や龍井茶などは、みな炒って製茶し、焙炉で焙じないので、その色も純正である。それに対して、福建武夷《ぶい》の茶は、炒ると焙じるを兼ねて行なう。そのため煎じ出した茶湯は赤色がかった緑色となる。緑は炒った色で、赤色は焙じた色である。茶葉は摘んできたら、まず広げる。それから茶葉を揺する。芳しい香りが出はじめたころを見計らって、すぐ炒りに入る。早すぎてはいけないし、遅くてもいけない。炒って焙じた後、粗っぽい葉や枝などを取り除いて均一にする。

この製法は今の烏龍茶とほとんど変わらない。茶葉を広げるというのは、今では「萎凋《いちょう》」といって、1〜2時間夕日に晒《さら》すことで、水分を減らし発酵の条件を整える工程である。次の茶葉を揺する工程は、「揺青《ようせい》」または「做青《さくせい》」と呼ばれ、烏龍茶を作る上でもっとも重要な工程である。茶葉を振ったり揺すったりして互いにぶつけ合い、時には手で打ち合せて葉の縁の細胞だけを破壊し、その部分の発酵を促すのである。独特の香りが出たら発酵が進んだ証拠で、素早く炒って発酵を止める。そうすると、中央部が濃い緑色を保ったままで、葉の縁だけが赤く変色した半発酵の烏龍茶ができ上がる。

烏龍茶の製造に欠かせないもう一つの重要な工程は、「揉捻」である。炒った後の茶葉を揉むことであるが、その「揉捻」の手法は、宋代の固形茶製造に初めて見られ、明代に入ると、ほとんどの製茶に取り入れられている。しかし、なぜか『王草堂茶説』ではそれが書き漏らされている。そこで、その「揉捻」の工程がきちんと記されている方以智の『物理小識』を見てみよう。

羅岕立夏開園。製有三法。摘葉貴晴。候其發香。熱鍋擣青。使人傍扇。傾出煩挼。再焙至三而燥。一法。

（訳）

羅岕《らかい》は立夏に開園する。製法は三つある。晴れた日に葉を摘む。摘んだ葉は香りが出るまで待つ。

熱い鍋で炒る。その時もう一人が傍に立ってあおぐ。炒った葉を出してから、繰り返し揉む。さらに3回焙じて、出来上がり。これはその一つである。

この文は、『王草堂茶説』の記録を補っただけでなく、現在、主に福建や広東、そして台湾で生産されている烏龍茶が、明代には浙江省の長樂（羅岕）でも製茶されていたことを明らかにしている。さらに『物理小識』からは、今日と同じように明代の烏龍茶が、春茶のほかに夏場の茶葉も使っていたことがわかるため、緑茶より原料の茶葉が粗大で、より念入りな「揉捻」が行なわれていたことが確認できる。

『王草堂茶説』や『物理小識』に見られた発酵の手法は、「黒茶」とは逆に、茶葉を放置して発酵させてから熱処理をしている。この種の発酵は「前発酵」と呼ばれているが、ひとたびこの前発酵の技術を手に入れると、異なる種類の前発酵製茶の開発も、それほど時を要さなかった。実際、明代後期から有名な福建の紅茶生産が始まっている。また同じ系統に属し、発酵の度合いがやや弱い「白茶」も福建の製茶場に登場している。一方、黒茶の生産拠点であった四川や湖南、湖北などの地域で、緑茶の製法に後発酵の工程を組み入れた「黄茶」が製茶されはじめたのは、清代に入ってまだ間もないころからだと思われる。

4　茶馬貿易の復活

明は建国早々、元統治の間に中断していた周辺の遊牧民族との茶馬貿易を復活させた。茶馬貿易は、すでに唐代から必要に応じて行われていたが、国家が専門の部署を設けて管理するようになったのは、北宋の熙寧7年（1074）からである。それまでは軍需物資としての軍馬は、主に絹と物々交換するか、国庫の銀貨で購入していた。例えば、慶暦5年（1045）、馬の購入代金に絹20万匹（1匹＝40尺）が充てられ、また至和2年（1055）、国庫から銀10万両が支出されていた。その後、遊牧民の茶に対する需要が高まり、馬との交換に絹より茶を要求するようになると、宋は、地理的にチベットや青海などの遊牧地域に近い四川に交易用の製茶である「辺茶」を専門に管理する「茶《ちゃ》馬《ば》司《し》」を設立し、茶馬貿易を正式に始めた。元豊年間（1078～1085）には四川のほかに陝西にも「茶馬司」が増設され、茶の輸出がいっそう拡大された。それが可能になったのは、前章で述べた宋代から実施された茶の専売制度によって、政府が茶の生産から販売にいたるまでのすべてを独占したからである。「茶馬司」の管理下に置かれた「辺茶」も含め、茶農たちは高い租茶を課せられ、製茶の自由売買も厳しく禁じられた。税金を払った後は基本的に個人任せであった茶園は、専売制度実施以来、政府の買い取りのみとなった。番茶（2番茶以降の茶）はいっさい受け取らないうえ、個人の販売を厳禁したこの制度は、茶農と茶商からの激しい反発を買った。1077年から1175年の間に、四川、福建、安徽、浙江、湖南などの茶農と茶商が起こした一揆は、記録に残る大きなものだけでも6、7回あったという。それに対して、宋の政府は幾度も専売法の改正を行ったが、茶馬貿易は国策に沿って進められていたので、根底から見直されることはなかった。

元代に入ると、「茶馬司」はいち早く廃止された。統治者の蒙古人は北京に都を置いたものの、根拠地はやはり広大な蒙古草原であるため、馬の調達は空気を吸っているように自然で、意のままに行えるからである。逆に、茶は貴重品であった。以前は馬で交換していたが、今度は南方の茶産地のほとんどを押さえたので、取れるだけ取れる状態になった。「茶馬司」はもう必要でなくなったのである。中原および豊沃《ほうよく》な南方を掌握した元政府から見れば、茶はただ生活の必要を満たすだけのものではなく、富をもたらす宝の山であった。元は「茶馬司」を廃止したものの、宋の専売制度はそのまま継承した。そして、その茶の専売によって得た収益は、1276年には銀1200錠、1281年には銀2万4000錠、1295年には銀8万3000錠、1313年には銀19万2866錠、1320年には銀28万9211錠であった。50年も経たない間になんと240余倍にも膨れ上がったという。

それに対して漢民族主体の明は、特産の茶との交換で、やはり国家防衛に不可欠な軍馬を手に入れざるを得なかった。明の初期、国境地帯は安定しておらず、蒙古の残余勢力の巻返しを鎮圧するために、大量の軍馬を必要としたからである。特に永樂帝の朱棣《しゅてい》（1403〜1424）は、即位すると北方に逃げ込んだ元の後裔《こうえい》に対して積極的な軍事行動を取った。幾度も討伐の遠征軍を送ったほか、自ら蒙古の瓦剌《オイラート》部に対しては1回、韃靼《タタール》部に対しては3回、計4回の親征を行った。遊牧民出身の蒙古軍と戦うためには、軽快な騎馬隊が不可欠であった。これが、明の「茶馬交易」再開の主な理由である。

明は、蒙古貴族から政権を奪還するやいなや、宋の旧制に倣《なら》って茶馬司を復活させた。最初は、四川の碉門と陝西の洮州《とうしゅう》、河州、西寧、甘粛の計5か所を設けたが、後にまた陝西方面に岷州《みんしゅう》と荘浪の2か所を増設した。馬交換用の茶も、かつて宋がしたように四川と陝西の製茶が充てられた。そのため、川陝両地域の貢納茶は、他の茶産地よりその割合が断然大きくなった。明は毎年茶で1万数千匹の軍馬を購入していた。交換用の茶は、洪武年間（1368〜1398）だけでも、四川に年間100万斤、陝西に年間2万6800余斤が課せられていた。その後、政権が安定するにつれて購入する馬も減少し、弘治年間（1488〜1505）には、年間わずか数千匹にまで落ち込んだ。万暦年間（1573〜1619）前半までの明朝最盛期の茶馬交易は、このような低水準が続いていた。ところが、万暦29年になると、購入した馬が9600匹までに回復し、明後期の天啓年間（1621〜1627）には、再び年間1万2000匹の水準に達した。その背景には、北方の満州族（ツングースの一部族・後の清）の台頭がある。このように明の茶馬交易は、つねに周辺諸民族の勢力消長に影響されていたのである。

明代の茶馬交易に使われた茶の輸送ルートは、二つある。陝西方面は、今の甘粛省の河州にあり、もう一つは四川方面の碉門である。具体的な交易方法は、首都から派遣された監督の官吏が皇帝認定の金札を持ち、各茶馬司に集積された茶を、上記のルートを通って交易市場に運び、そこに集まった遊牧民の馬と交換する。陝西方面の茶馬司に集積された茶は、現地で産出したものだけでは足りないので、補足の部分を四川方面から調達する。しかし、はるばる四川から運ばれた茶は、高温多湿の季節になると、運搬途中にかびてしまうものが出てくる。そこで永樂年間以降、四川に対する茶税は、実物は3分の1にし、残りは銀貨に切り替えられるようになった。

明が周辺の遊牧民との茶馬交易を再開したのは、軍馬獲得の他に、外交政策上の思惑があったからでもある。明の梁材《りょうざい》がその思惑について、『議茶馬事宜疏《ぎちゃばじぎそ》』で次のように、明白かつ端的に述べている。

太宗文皇帝曰。私茶出境者斬、関隘不覚察者処以極刑。……而私茶通番、輒以極刑凌遅論罪、其意之所在可知已。蓋西辺之藩籬、莫切於諸番。諸番之飲食、莫切於吾茶。得之則生、不得則死。故厳法以禁之、易馬以酬之。禁之而使彼有所畏、酬之使彼有所慕。此所以制番人之死命、壮中国之藩籬、断匈奴之右臂者。

（訳）

太宗皇帝が宣《のたま》うには、茶を密輸した者は切り殺し、密輸を見逃した関守は極刑に処せと。……茶の密輸にこれほど厳しい刑で対処する、その意図は斯《か》くの如くである。我が西の藩籬《まがき》は諸部族の遊牧民である。遊牧民の飲食に欠かせないのは、わが国が供給した茶である。茶を得れば生き長らえ、得なければ死を待つばかりである。故に茶の禁輸を厳格にしながらも、馬との交換でその労に酬《むく》いることにしている。禁とは、彼らに畏敬の念を抱かせるためであり、酬いとは、彼らに慕わせるためである。これをもって遊牧民を牽制し、中国の藩籬《まがき》を高くし、匈奴《きょうど》の片腕を断つことができる。

茶がなければ死ぬというのは言い過ぎであろうが、肉食が中心の遊牧民は、長期にわたる肉類の摂取で、ビタミンCなどの欠乏によって壊血病にかかりやすい。喫茶は壊血病を防ぎ、消化を助ける働きがあるため、野菜のない遊牧生活には茶はなくてはならない必需品なのである。

一方、供給側の明から見れば、茶が周辺の遊牧民を牽制する有効な手段である。有史以来、中国の安全はずっと北方の遊牧民に脅かされてきたし、つい最近まで蒙古人に国そのものが奪われていた。彼らが結束して再び脅威にならないように、瓦剌《オイラート》や韃靼《タタール》のような好戦的な部族集団の勢力を切り崩し、国の周辺に生活している弱小な部族を融和する必要がある。茶馬交易によって彼らを自分側に引き寄せ、凶猛な敵との間に安全な緩衝地帯を作ることは、明の国家安全保障にとって何よりも重要なことである。

だからこそ、茶の私販と密輸を厳重に取り締まらなければならない。戦略物資である茶が自由かつ無制限に遊牧地域に流出したら、北方遊牧民に対する抑制力が弱まるのは必至である。明は建国当初から、茶に関するあらゆる違法行為に毅然とした態度で対処してきた。王族功臣であっても例外ではなかった。洪武30年（1398）、太祖朱元璋の娘婿である欧陽倫《おうようりん》が、四川茶を密輸した罪で、太祖に死を賜わったのがその好例である。

5 「煎茶」の日本渡来

葉茶を湯に浸して飲む「煎茶」（中国では「淹茶《イエンチャ》」、後には「泡茶《パオチャ》」という）は、明の末期に中国人僧侶や商人によって、日本にも伝えられた。その背景には、江戸幕府の二代将軍秀忠の時代から進められた鎖国政策がある。起因はキリスト教に対する禁圧であったが、それに伴って、日本人の海外往来や貿易も禁止されるようになった。寛永年間（1624〜1644）から度重なる鎖国令が打ち出され、ポルトガル船の来航を禁止するとともに、海外貿易に対する取り締まりも強化された。幕府主導の対外貿易は、明とオランダに制限され、長崎は日本唯一の入港地となった。その結果、中国商人の長崎への出入りが頻繁になり、長崎に定住する華僑が増え続け、中国人の手で創建したお寺も現れた。三福寺と呼ばれる、興福寺《こうふくじ》、福済寺《ふくさいじ》と崇福寺《すうふくじ》である。

三寺の住職には、代々中国から招請された僧侶が就くのが慣習で、しかも三寺がまた別名で南京寺、柔州寺、福州寺と称されているように、来日した中国人僧のほとんどが茶産地のある南方出身者であった。

一方、明に攻め込んできた満州族、清の軍が南下するにつれて、招請僧のほかに、戦乱を逃れて日本に渡航した明の僧侶も多かった。こうした情勢の下で、明の喫茶が日本人に知られ、次第に認知されていったのである。

第三章で述べたように、中国仏教は茶と切っても切れない因縁がある。茶葉に含まれているカフェインなどの覚醒物質が、参禅時の眠気を排除できるので、唐代から寺院での茶の飲用は積極的に奨励されてきた。また、禅宗では寺院行事や寺院規範にも茶事を取り入れ、唐僧懐海《えかい》（百丈懐海、720〜814）の手によって、東洋独特の寺院儀礼が完成された。宋と元の二代に再整理されたが、明にいたって時代の喫茶風習を反映して、使う製茶から飲茶の方式まで、かなり変容させられた。変化したのは寺院喫茶だけではない。明に入った後、中国仏教も「禅浄合一《ぜんじょうごういつ》」（禅宗と浄土宗との融合による禅念双修）を唱えるなど、前代と異なった雰囲気を呈してきたのである。これらは、古典的な唐の仏教や宋の禅宗になじんでいる日本人から見れば、とても新鮮でかつ刺激的なものであった。そこで、多くの日本人や日本人僧が長崎の中国寺に参じるようになり、積極的に明文化の吸収に努めた。

こうした動きの中で、妙心寺の日本人僧の招請で、時の中国仏教の名僧、隠元《いんげん》が承応3年

（1654）に来日した。師は福建省出身で、福清県永樂郷にある黄檗山《おうばくさん》万福寺に住持していたので、その後、師が日本で伝えた禅宗は「黄檗宗」と呼ばれている。日本での大本山は、幕府が下付した京都宇治大和田村の敷地に造営された万福寺で、寛文三年（1663）に開宗した。隠元を始めとする明僧は、宗教面で日本の近世仏教に多大な影響を及ぼすとともに、文化と風習の面でも、近世中国の建築様式・漢詩文・書画・篆刻《てんこく》・普茶《ふちゃ》料理・煎茶などを伝えている。長崎の中国寺と同じように、京都の万福寺も代々の住持を中国から招請する制度であったため、これら黄檗文化と称される本場の明文化がそのまま日本に移される形となった。

隠元らが伝えた明式の喫茶は、その後、売茶翁《ばいさおう》の別名で親しまれている黄檗僧の月海元昭《げっかいげんしょう》の活動によって広がった。沈滞した日本仏教の打開を禅念双修の明仏教に求めたのと同じように、煎茶も形式張った抹茶道への批判と反発の中で受け入れられるようになった。そして、まもなく点前《てまえ》と作法を重視する煎茶道が作られた。喫茶を通して、優雅な風味と文人精神の体現を追求する点では、明の文人茶と同じであるが、日本の喫茶は繊細さが目立つ一方、洒脱《しゃだつ》さは感じられない。喫茶を個人の行為と視する中国茶と比べ、煎茶道を含めた日本の喫茶は、ほとんど流派の枠内で行われていることに、これは起因しているもであろう。

このように、「煎茶」という新しい飲み方が江戸中期から日本に定着した。しかし、なぜか明代から中国で普及しはじめた釜炒りの製茶法には、日本人は関心を示さなかった。また、その後の発酵茶の製法にも興味を持った様子がない。

日本の製茶界では、蒸し製茶がすでに伝統になっており、日本人は改革を求めたが、伝統は破られなかった。魚介類、特に生の魚介類を摂取することの多い日本人にとって、渋みの強い蒸し製茶の風味が合っているのかもしれない。

第六章　近代茶の確立

中国浙江省・梅家塢茶園

1　清代以降の喫茶状況

清代に入ってからの中国茶は、ほとんど明代の喫茶をそのまま受け継ぎ発展させたものである。清国を建てた満州族は、人口が少ないうえ、その喫茶習慣は北方に住んでいる漢民族と変わらないので、清代の製茶法と喫茶法には大きな変革が起こらなかったからである。釜炒りによる不発酵の「緑茶」と「発酵茶」と「薫花茶」の三大系統が、清代の製茶として完全に定着した。製茶された形状によって、さらに「固形茶」と「葉茶」に分かれているが、その固形茶の技法は古い伝統を継承したものである。

明代に多様化しはじめた製茶の種類だが、清代にはさらに、地域による喫茶の好みの違いが顕著になってきた。福建や広東では烏龍茶が愛飲され、揚子江の中下流地域では緑茶、四川や雲南では「沱茶《だちゃ》」（固められた黒茶や青茶で、普洱《プーアル》茶もその一種類である）の飲用が中心となっている。

一方、茶の採れない北方では、北京を中心に「花茶」（薫花茶のことで、その代表は茉莉《ジャスミン》花茶）の消費量が圧倒的に多くなった。宋代から香料の入った固形茶（団茶や片茶）になじんできたためか、北方の人は香りの高い茶に愛着を感じているようである。古い北京っ子がこうした「薫花茶」を「香片《シャンピエン》」と呼んでいることからも、その愛着の深さがわかる。

喫茶は、明式の「泡茶《パオチャ》」（煎茶）が隅々まで浸透し、古風をしのぶ志向の強い文人の間でも正統な飲み方として受け入れられ、宋式の「点茶」や唐式の「煮茶《ジュウチャ》」を顧みる人はもういなくなった。清代の茶書は、清で興った考証学（古文字や古音韻などの古典を実証的に研究する学問）と同じように、歴代の喫茶事情を考証し、『茶経』や『茶録』などの古典茶書を整理、説明するだけのものが多い。宋代で頂点に達した宮廷喫茶は、上層階級ではすでに衰退し、わずか年2回の「賜茶《しちゃ》」（清の宮廷では、春と秋に皇帝主催の儒教経典の講義会を開く。その後に皇帝から茶を賜る）と不定期に行われる形式張った宮廷茶宴が残っているだけである。明の文人の間で見られた個性豊かな喫茶も、清になると姿を消しつつあった。清代の喫茶は、全体的に庶民化の傾向を見せ始めたのである。

例えば、中国各地の都市では、曲芸を楽しみながら茶を飲むさまざまな「茶館」や「茶楼」がいっそう盛んになった。これらの「茶館」に集まってくる人々は、地方劇や演義物語を楽しむのが目的で、喫茶は二の次になっている。北京の「書茶館」、天津や上海の「茶楼」がその典型である。広東にはレストランと一体化した「茶館」が現われた。広東の「飲茶《ヤムチャ》」といえば、焼売《しゅうまい》や一口饅頭《まんじゅう》などを連想するのは、そのためである。

それとは別に、純粋な喫茶もある。代表的なものに北京の「清茶館」や杭州の「茶室」における喫茶と福建の「工夫茶《くふうちゃ》」が挙げられる。「清茶館」では、すべて「蓋碗《がいわん》」（蓋《ふた》と茶托が付いた茶碗）を使用する。蓋は浮いている茶葉をよけるのに使うが、飲用する際に蓋を立てて口を隠すのが、北京喫茶の礼儀作法である。北京では「蓋碗」を使った喫茶が、今でも上品で風雅な飲み方として継承されている。それに比べて、杭州の「茶室」で使われている茶器は、透明なガラスのコップである。名高い西湖の銘茶、「龍井《ロンジン》」緑茶を賞味しながら、茶葉の形状と透明感のある緑色を愛《め》でるのが風流とされている。茶室も純朴で清幽な造りが多く、墨絵のような杭州の風景に溶け込み、茶室と自然が渾然一体となっている。

この二つの喫茶に対して、明式「泡茶」（煎茶）の影響をもっとも色濃く受けているのは、福建喫茶に代表されている「工夫茶」である。「工夫茶」は、福建産の烏龍茶を飲用する。言葉の通り、茶器から飲み方まで工夫を凝らした喫茶である。「茶壺」（急須）と茶碗などの茶器は、明の伝統に則って、小さいものを選ぶが、愛飲家の間では、特に江蘇省宜興から産出した陶製の茶器が珍重されている。

茶の入れ方は、「温壺」（急須を温める）、「放茶」（茶葉を入れる）、「潤茶」（「洗茶」とも言われ、茶葉を洗い、湿らせること）、「泡茶」（お湯を入れる）、「澆壺」（お湯を急須にかける）、「温杯」（茶碗を温める）、「斟《しん》茶」（茶湯を茶碗に注ぐ）などの手順で行なわれ、注ぎ方によっては、さらに幾つかのパターンに分かれている。こうした細かい手順を立てたのは、ほかでもなく、烏龍茶の究極の味を追求するためである。「工夫茶」は、中国人の味覚重視の思想を遺憾なく発揮した喫茶といえよう。

福建の喫茶は、すでに宋代から「闘茶」で有名になり、庶民レベルの「茶芸」（日本の茶道に相当する）の古い伝統を確立していた。その流れを汲《く》んだ「工夫茶芸」は、隣の広東に広がったほか、今は北京などの北方地域にも進出している。「工夫茶」はまた、福建からの移民によって台湾にも伝わり、台湾喫茶の根本となっている。

清政権の支配下で、茶に関して創造的なことが何も起こらなかったわけではない。清政府は、税制と貿易の面で大胆な改革を実施した。咸豊《かんほう》3年（1853）に「厘金税《りきんぜい》」といわれる「茶葉通関税」を導入した。「厘金税」は、宋代から続いた「茶引《ちゃいん》」（第四章参照）に代わったもので、水路と陸路に設けた税関に決まった税金を払えば、茶商たちは自由に茶の取り引きができるようになった。これによって、長い間国家に統制されてきた茶の貿易と経営は、再び民間の手に委ねられるようになった。

政府がこのように前代より緩やかな政策をとったため、清代における茶の生産と貿易は空前の規模になった。貿易に関しては、康熙《こうき》年間（1661〜1722）に、明代以来とられてきた海禁政策を是正し海外貿易を奨励するようになった。最初は福建・広東・上海などに「海関」（税関）を設置して貿易管轄の事務を扱わせたが、まもなく広東海関に一本化された。これで、伝統的な陸路に加えて、水路を使った茶貿易が始まったのである。茶の輸出先は、主としてポルトガル、オランダ、イギリスなどの欧州であった。

欧州に茶を持ち込んだのは、16世紀から中国で活躍したキリスト教の宣教師たちであった。彼らが教会に提出した茶に関する報告書に、欧州の宮廷はいち早く関心を示した。彼らは茶に、広東語の「CHA」を訛《なま》った「チャ」と福建語の「TE」を訛った「テ」の二つあることを紹介した。その後、それぞれポルトガル語の「シャ（CHA）」と英語の「ティ（TEA）」になり、茶を指す新しい用語として社会に定着した。

17世紀の半ばごろから、ヨーロッパでは、まず上流社会から中国茶を飲みはじめるようになり、18世紀には、イギリスを中心に喫茶が大流行になった。中国からの茶の輸入が急速に増加し、中国との貿易を独占したイギリスの東インド会社は大きな利益をあげた。イギリス商人は、最初は英国産の羊毛や毛織物を売って、茶の仕入資金を調達したが、暖かい中国の南方では、羊毛などの売れ行きは決してよいものではなかった。茶売買の決算はほとんど銀貨で支払わなければならず、茶の需要量の増大にともなって、イギリスから中国に大量の銀が流出していた。イギリス政府は、やむをえず銀貨の海外持ち出し禁令を打ち出した。

そこで、東インド会社の商人たちはあくどい手口を使い出した。インド産のアヘンを中国に密輸して、銀を工面しはじめたのである。飲み慣れると習慣になる中国茶を手に入れるために、イギリスの悪徳商人たちは、吸い出すと中毒になるアヘンを中国人に売り付けたのである。

この策が功を奏するのに、たいした時間を要しなかった。中国では、まず広東から、まもなく中国全土にアヘン中毒者が続出した。これに対して、清の朝廷は手をこまぬいて、国全体が蝕《むしば》まれるのを静観してはいなかった。1729年にアヘンの販売と「煙館《えんかん》」（アヘン吸飲所、アヘン窟）の開設を禁止して以来、1832年に「禁阿片章程《きんアヘンしょうてい》」が制定されるまでの百年間、清政府は再三厳禁令を発布し、イギリス船のアヘン密売と中国人のアヘン所持を厳しく取り締まった、しかし、事態は一向に改善されず、むしろ悪化する一方であった。

清政府は遂に本腰を入れた。1833年に、イギリス東インド会社の中国における茶貿易の特権の更新を拒否し、続いて1838年に、やり手の林則徐《りんそくじょ》を欽差大臣《きんさだいじん》（皇帝から臨時に権限を与えられた上級官吏）として広東に派遣し、アヘン取締の陣頭指揮を取らせたのである。1839年、着任早々に林則徐は、イギリス商人を追放し、没収したアヘン2万余箱を焼却した。

1840年、イギリス政府は自国民の権益を侵害されたという理由で陸海軍を派兵し、清国との間にアヘン戦争が勃発した。1842年、戦争に負けた清政府はイギリスと南京条約を結び、香港をイギリスに割譲したほか、広東・廈門・福州・寧波・上海の五港の開港を強要された。

アヘン戦争後、イギリス人は今まで許されなかった中国奥地の茶園に出入りすることができるようになった。彼らは、そこから茶種を手に入れ、中国人の優秀な製茶職人と茶農をイギリスの支配下にあるインドに連れて行った。結局、中国種の茶樹の栽培には失敗したものの、それらの茶農たちはアッサム地方で見つかった自生茶の栽培化に大きく貢献したのである。その結果、イギリス人はロンドンの市場に送り込む茶の調達を、中国からアッサムにある自分たちの茶園に切り替えたのであった。

一方、アヘン戦争後の中国では、列強の略奪と絶え間ない戦争などで、茶業を含むすべての産業が荒廃してしまい、「国飲」と自負されている誇り高き中国茶は、新中国が誕生するまで惨憺《さんたん》たる状況を呈していた。

窮地に追い込まれていた中国茶を根本的に立ち直らせたのは、やっと一九五〇年代になってからである。政府は、相次いで茶産地の安徽・浙江・福建・広東・湖南・四川・雲南などの各省の農業大学に茶葉専攻の学部を設置して、茶の研究者育成に力を入れる一方、旧来の零細茶園を大規模な「茶場《ちゃじょう》」（茶農場）に改造し、製茶の機械化も年々進めている。

努力に努力を重ねた結果、伝統が途絶えた多くの名茶が復活し、新しい銘柄の茶の開発も盛んに行われている。現今、中国で生産されている各種の銘茶は史上最多の200種近くにも達している。一方、茶樹の品種に対しても大規模な、かつ数回にわたる調査研究を行い、全国で400余品種が確認された。その中から50数品種を選別改良して、栽培と製茶を行っている。茶の分類も明清以来の製茶を集大成して、「緑茶」「青茶」「黒茶」「黄茶」「花茶（薫花茶）」「紅茶」「白茶」「緊圧茶（固形茶）」の八大種類に系統化された。現在、中国では、茶葉・茶文化に対する研究がかつてない活況を呈しており、唐・宋・明と並んで、第四の開花期に入ろうとしている。

2　近代製茶の確立とその分類

明代に釜炒り製の緑茶が蒸し製の緑茶に取って代わり、清代に入ると、その製法がさらに完成されていった。また、明代初期から生産されはじめた「黒茶」と「花茶」や、後期に開発された「烏龍茶」（青茶と分類されている）「黄茶」「紅茶」なども、清代では飛躍的な発展を見せた。それらに、少量しか生産されていない「白茶」と伝統的な「固形茶」（緊圧茶と分類されている）を加えれば、中国の八大製茶が清代で全部完成したことになる。それらが、新中国になってから幾多の改良を経て、現在の中国製茶の基本となるに至った。

しかし、その分類は、主として製茶の形状と色に基づいているので、厳密な区分とはいえないものがある。そこで、製法の違いに基づいた新たな分類が、現在試みられている。

中国茶の製法は多種多様であるが、基本は生の茶葉の発酵を止めるか、促すかの二つにある。ここでいう発酵とは、茶葉に含まれているポリフェノールに酵素が作用して、酸化していく過程を指している。この化学変化によって茶紅素と茶黄素が生じ、茶葉が変色すると同時に甘みも増して、烏龍茶や紅茶などの香り高い風味になる。逆に急激な熱を加えることによって、酵素の活性が破壊され、酸化発酵を止められたのが緑茶である。

一方、黒茶と黄茶は発酵のプロセスが異なり、熱で酵素の働きを止められた茶葉が高温多湿の条件下に置かれて、酵素の関与なしに酸化したものである。その発酵には微生物も関与しているので、この種の製茶の味には特有のかび臭さがともなうが、渋味はもっとも少ない。こうした違いから、熱加工する前に発酵した製茶を「前発酵茶」、熱加工した後の発酵茶を「後発酵茶」と呼んでいる。烏龍茶は「前発酵」に属しながら、発酵が葉の全体に及んでいないので、「半発酵茶」になる。また、発酵の度合の差によっても、さらにさまざまな製茶に細分されている。緑茶は唯一不発酵の製茶である。以下に、この八大製茶の製法について詳説するが、（　）内に上記の新しい分類を併記しておく。

①緑茶（不発酵茶）

中国茶の中で、銘柄がもっとも多い製茶である。製茶の歴史が長く、多くの名茶を生み出している。茶樹の品種と製法の違いによる種別がある。現在の製法は「炒青《しょうせい》」「烘青《こうせい》」「晒青《さいせい》」「蒸青《じょうせい》」の四種類がある。中国の緑茶は、透明感のある青緑色の水色《すいしょく》をしており、渋味の少ないさっぱりした味である。

「炒青」

100〜120度位に加熱した炒釜《いりがま》（大きな鉄製の鍋）に、茶の若葉を入れて、3〜5分間炒った後、取り出して竹の筵に広げて静置する。茶の温度が室温まで下がったら、40〜60度の鍋に戻して、手のひらで揉みながら成形していく。製茶によっては、広げて温度を冷ます工程をしないものや、2回、3回と炒ったり揉んだりするものもある。また、成形の過程で条形のもの、球形のもの、針形のものなどに仕上げられたりして、種類がさまざまである。現在は、最上等の高級茶以外は、ほとんど機械で加工している。

「烘青」

炒った後、広げて静置するまでの工程は「炒青」製茶と同じである。その後は、軽く揉んでから焙炉《ほいろ》で成形しながら焙じる。製茶によっては、揉まないものもあるし、「静置」と乾燥を3回まで繰り返すものもある。多くは乾燥機を使う。

「晒青」

乾燥の工程を日乾しでする製茶である。一部の地方で、少量しか作られていない。

「蒸青」

宋代まで主要な緑茶の製法であったが、明代に入ってからほとんど廃れた。現在、唯一この製法で作られているのが、湖北省恩施《おんし》県の「恩施玉露茶」である。一芽一葉と一芽二葉の若葉を１００度の蒸気で40〜50秒間蒸す。一芽から三葉、四葉も含む粗大なものは、60〜90秒間蒸す。その後、取り出して冷ます。温度が下がったら、１４０度の焙炉に入れ、手でほぐしながら12〜15分間乾燥する。1回目の乾燥ができた後、25〜30分間揉んでから、再度１００度の焙炉で乾燥し成形していく。

②花茶（薫香茶）

ジャスミン、珠蘭《しゅらん》（金粟蘭、別名茶蘭）、木犀《もくせい》（桂花）、バラ、梔子《くちなし》などの花で、「烘青」製の緑茶に香りをつけたものである。実際の製茶によく使われているのは、ジャスミンと珠蘭と木犀の三種類の花である。ジャスミンの場合、蕾《つぼみ》が膨らんだものを用意し八分咲きになったものを、緑茶に混ぜて箱に入れる。温度が40～45度に上昇したら、箱から出し、広げて温度を下げる。38度位まで下がったら、再度箱に入れる。この工程を3、4回繰り返すが、その間に、花の水分と高温で茶葉が微かに発酵して、浅い褐色を呈するようになる。その後、茶葉を分離して水分がなくなるまで乾燥する。最後に、少量の花を十分に乾燥した茶に混ぜ、さらに香りをつければでき上がり。最近、緑茶のほかに紅茶などを使ったものもある。ジャスミン茶を入れると、淡い茶色の湯となり、上品で清らかな香りがする。

③黒茶（強い後発酵茶）

炒釜で熱加工して、じゅうぶん揉んだ茶葉を積み上げ、6～8時間放置して発酵を促す。「渥堆《あったい》」と呼ばれる工程である。その後、20分間揉んで発酵を均一にしてから、さらに10～18時間堆積する。発酵が進むにつれて、黒っぽい褐色になる。仕上げは、水分がなくなるまで揉みと乾燥を繰り返す。黒茶は堆積の時間が異なるものや、型で固められたもの、ばらのままの葉茶（散茶）など、いろいろな種類がある。その特徴は茶湯にもっともよく現われており、コーヒー色に近い黒みを帯びた赤色をしている。かび臭さを伴うものもあるが、全体的に味がまろやかで、濃い茶でも渋味がほとんどないのが特徴である。

④黄茶（軽い後発酵茶）

緑茶より低い温度で釜炒りし、揉んで乾燥した後、「悶黄《もんおう》」という後発酵を促す工程に入る。黄茶の製造には、いくつか異なった「悶黄」の方法がある。よく見られるのは、茶を紙に包んで発酵箱に入れて行うもの、簀子《すのこ》に茶葉を置き、その上から布を被せるもの、竹の篭《かご》に詰め込んで発酵させるものなどである。温度と湿度によって、時間も30分から48時間までさまざまで、1回目は茶の葉が黄みがかった緑になり、2回目から黄色に変色して、個性のある香りが生ずる。その後、釜炒りしてさらに「揉捻」（揉む）を行い、焙炉で乾燥して仕上げる。黄茶は、湯を注ぐと、青みがかった黄色の茶湯に、茶の葉が縦になって浮いたり沈んだりする。視覚的に楽しむこともできるので、飲むときはガラスのコップを使ったほうが効果的である。渋味の少ないあっさりした味の茶である。

⑤青茶（半発酵茶）

青茶は、製茶の青っぽい色から来た命名である（中国語の青には緑色の意味もある）。種類が多いが、日本でよく知られているのは烏龍茶で、今は青茶の代名詞にもなっているほどである。その他に、有名な銘茶には、「武夷岩茶」「鳳凰水仙」「鉄観音」「黄金桂」などがある。青茶の原料となる茶葉は、緑茶などとは違い、芽が十分開いた梢《こずえ》に二葉、また三葉がついた粗大な葉を使う。摘み取った茶葉をまず広げて、夕日に晒して萎れさせる。「萎凋《いちょう》」という工程である。水分が減ってきたら、「揺青《ようせい》」に入る。竹製の大きな平たい笊《ざる》にのせ、揺すって発酵を促す。葉と葉のぶつかり合いによって、縁が傷み、酸化が起こってアルコールのような香りを発するようになり、葉の周りが赤く変色する。そこを見計らって、すぐ200度の炒釜で炒って発酵を止める。その後は、味が出やすいように時間をかけて揉みあげ、成形して乾燥する。これらの工程は1回で済むわけではなく、特に「揺青」は、間に静置をはさんで何回も行われている。発酵の度合いを確かめながら、揺する回数と力を調節していく特殊な技術を要するので、青茶の製法がいちばん難しいといわれている。

こうして、葉の縁だけが発酵した青茶ができ上がる。緑茶と紅茶の風味をミックスさせた濃厚な味わいと芳しい香りを持ち、茶湯の色が赤みを帯びた茶色をしている。

⑥紅茶（強い前発酵茶）

一説によれば、青茶の製法を簡略化したのが、紅茶の始まりであるといわれている。茶葉を温度が20〜24度、湿度が65〜75％の室内に置いて、10〜18時間「萎凋」させる。有名な「祁門《キーマン》紅茶」の場合は、35〜38度の萎凋槽で4、5時間「萎凋」を行う。その後、揉捻機で3回にわたって十分に茶葉を揉んでから発酵室に移す。発酵が進むにつれて、茶の葉が赤く変色し、熟したりんごのような香りを発するようになる。最後に、焙炉で2回乾燥させて仕上げる。「揉捻」の工程で、葉のまま条形に加工されたものを「工夫《くふう》紅茶」といい、粉砕して細粒状に加工されたものを「紅細茶」と呼んでいる。インド産とスリランカ産は、ともに細粒状の紅茶であることがよく知られているが、中国では、細粒状の「紅細茶」のほかに、特産の「工夫紅茶」も作っている。インドのダージリン、スリランカのウバと並んで世界三大紅茶と呼ばれる「祁門紅茶」も、この「工夫紅茶」である。祁門紅茶は透明感のある明るい赤色と、清らかで奥深い蘭の花のような香りと、甘みと渋みが程よく溶け合った深い味わいを持つ。

⑦白茶（軽い前発酵茶）

人為的に発酵を促す工程がないので、紅茶より発酵の度合が軽い製茶である。原料に白い毛に覆われた茶芽を使っているうえ、炒ったり揉んだりしないため、製茶させた後、白っぽい暗緑色をしていることから、この名が付いた。茶葉をすのこに敷いて萎凋室に置き、室温が25度位、湿度が66～78%の条件下で45～48時間放置する。八割乾燥したら10～15センチに積み上げ、九割乾燥するまで再度12時間放置する。酵素の作用で酸化がかなり進行したら、焙炉で焙じて乾燥させる。白茶は、製造の過程で揉む工程を経ていないので、熱湯で入れても、1回目は味が十分出ないことがある。また紅湯が染み込んでくると、明るい黄色を呈し、清らかな香りと深い味わいを放つようになる。

茶にブレンドして飲む方法もある。

⑧緊圧茶（不発酵と発酵の二種類）

各種の製茶を固めた固形茶である。後発酵の黒茶が主要な原料であるが、紅茶・烏龍茶・緑茶を固めたものもある。緊圧茶の形は様々で、レンガ状の「磚茶《せんちゃ》」、球状の「球茶」や碗状の「沱茶《だちゃ》」などがある。

発酵した黒茶を使用するのは、「緊圧茶」が茶産地ではほとんど消費されず、チベット・青海・モンゴル・甘粛・新疆・寧夏などの遊牧地域や東南アジアに販路を持つからである。「緊圧茶」に加工された強い発酵の黒茶は、たいへん貯蔵に便利で、中には年代物が珍重される「六堡茶《ろくほ》」もある。茶は新茶を飲むものだという概念をひっくり返すようなこの種の製茶は、「緊圧」（蒸気で柔らかくしてから、圧搾して成形する）された後も、人為的に発酵させ続け、菌の繁殖を促す。さらに半年間室内に堆積して、赤みを帯びた黒っぽい褐色と甘いアルコール臭のような香りを付けてから出荷する。上質な高級茶である「六堡茶」は、肉眼で菌の胞子を確かめることができ、湯に浸すと、香りも味も色も檳榔子《びんろうじ》のようであるともいわれている。

3　現在まで残る少数民族の茶

茶の葉を野菜として使うという発想は、中国南方の少数民族の間では古くからあった。有名なのは、「酸茶」である。「酸茶」の作り方はいろいろあるが、雲南省のプーラン族を例に見ると、次の手順になる。

摘んできた茶の葉をまずざっと湯通しする。それを塩で和《あ》えてから、壺型の缸《かめ》に詰め込み、蓋《ふた》をして密閉する。缸は中国で広く使われている漬物用のものと同じく、口の辺りに水皿が付いている。蓋が飯茶碗の形をしており、逆さまにして蓋をし、さらに水皿に水を入れる。その水で口と蓋の隙間を埋めるのである。北方の「酸菜」と同じ漬け方であるが、白菜の代わりに茶葉を使っていることになる。

缸の中で2週間くらい漬けられると、茶の葉が酸っぱくなり食べられるようになる。食べるときは、箸《はし》で茶の葉をつまんで缸から出し、皿に盛りつける。それから、手で「酸茶」を丸めて食べる。渇きを癒し消化を助ける効果があるという。

そのほかにも、中国には食用としての茶や地方色豊かな喫茶が多数ある。その代表的なものをいくつか紹介しておこう。

「油茶《ゆちゃ》」

「油茶」は、貴州・湖南・広西の各省に住むトン族が愛飲している濃厚なスープのような茶である。作り方は、茶の葉を油で軽く炒めてから、水を加えて塩味で煮る。次に用意しておいた具を茶碗に入れる。具は炒めた豚肉や豚の肝臓、薄く切った餅、炒り落花生・炒り豆・炒り米などの炒り物、煮た栗の実と葱《ねぎ》などである。煮上げた茶湯を具の入った茶碗に注ぎ、具を食べながら飲用する。

「擂茶《らいちゃ》」

「擂茶」は、明代の書である『多能鄙事《たのうひじ》』にも紹介されたことのある古い喫茶で、現在は主に湖南省に住む少数民族と漢民族の一部が飲用している。「擂茶」とは、文字通り擂《す》った茶のことである。茶の葉を米、生姜、炒り胡麻、炒り豆、茱萸《ぐみ》、少量の塩と一緒に擂り鉢に入れ、擂りこぎでゆっくり糊状になるまで擂り上げる。飲むときは、大きめの茶碗に擂ったものを一匙入れ、少量の湯で溶かしてから、熱湯を注いで飲む。地元の人はピーナッツや切餅、大根の漬物などの茶請けを食べながら飲用する。

「罐茶《かんちゃ》」

雲南省や四川省の山間部に住む少数民族の間で広く飲まれている。地方によって使っている茶が異なるが、飲み方はどこでも同じである。リス族の場合は、餅の形をしている固形茶を陶製の茶瓶に入れて火で炙《あぶ》る。焦げた香りがしたら、熱湯を加えて煎じる。飲むときは、煮出した茶湯を塩で味付けして茶碗に半分ほど注ぎ、湯を足して薄めて飲用する。葉茶を使うところでは、同じやり方でその茶葉をまず茶瓶で炒り、それから熱湯を注ぎ、2分間で煎じ上げる。「餅茶」と違って、そのまま茶碗に分けて飲む。

この種の喫茶はかなり古い形態を保っている。「餅茶」を火で赤く変色するまで炙ってから飲用する習慣は、古い文献では、三国時代の四川省や湖南省辺りですでに見られた。

雲南のハニ族やワ族などの少数民族が飲用するもっとも原始的な喫茶である。茶樹から採ってきた生の茶葉を火で焦げる程度に炙り、茶瓶で煎じ出して飲む。たいへん簡単で素朴な飲み方である「煨茶《わいちゃ》」が、喫茶文化の原点が、ここにあるのかもしれない。

4　中国の名茶とその産地

中国茶の産地は、清代に入ってから、ほぼ現在の規模になっている。ただ、歴代の名茶の産地が、その時代その時代の喫茶習慣の違いによって異なることがある。例えば、唐では茶の栽培がほとんどなかった福建が、宋に入ると主要な固形茶（宮廷用献上茶の団茶を含む）の産地になり、明と清では、良質な烏龍茶と紅茶を産出することで知られるようになっている。雲南の普洱茶《プーアル》も、清代から一躍名茶の仲間入りをしたものである。近代になると、製茶の種類が増加し、それに伴って、福建や台湾の烏龍茶、安徽や広東の紅茶、四川や雲南の緊圧茶、浙江・湖南・湖北・河南・江蘇各省の緑茶などのように、各産地の特色も顕著になってきた。この中には、一種類の製茶しか作っていないところもあれば、安徽省のように、緑茶・紅茶・黄茶など何種類もの名茶を世に出しているところもある。これは主に、製茶の伝統と茶樹の品種と気候によったものである。紅茶の製造に適する茶樹が、必ずしも緑茶に適しているとは限らないからである。特に大葉種と小葉種以外の多くの品種が判明して以来、これらの品種の特徴を生かした製茶が意識的に行われるようになった。

茶樹品種の分布は気候と関係しているので、現在の茶産地を気候によって区分すると、北部茶産地（温帯地域）、中部茶産地（亜熱帯地域）、南部茶産地（熱帯〜亜熱帯地域）の三つに分けることができる。この分け方は、だいたいそれぞれ緑茶や烏龍茶、紅茶などの主要な産地とも重なっている。北部茶産地には、四川の北部・陝西の南部・湖北の北部・河南の南部・安徽の北部・江蘇・山東半島南部の各地域が含まれる。中部茶産地は、雲南の北部・四川の中部と南部・貴州の北部・湖北の南部・安徽の南部・福建の北部・湖南・江西・浙江などの広大な地域に散在している。南部茶産地は、雲南の中部と南部・貴州の南部・福建の南部・広東・広西チワン族自治区と台湾からなっている。北部茶産地は主として緑茶の産地で、南部茶産地は主として烏龍茶と細粒状の「紅細茶」の産地であるのに対して、中部茶産地では、緑茶から黄茶、烏龍茶、「工夫紅茶」まで多種類の茶を生産している。

次には、中国の有名な製茶とその産地を記しておく。☆印が付いているのは、名茶中の名茶である。中には、新中国で開発した名茶もあれば、復活された伝統的な名茶もある。

	茶名		産地
【緑茶】			
1	西湖龍井	☆	浙江省杭州
2	余杭径山	☆	余杭
3	雲和恵明	☆	景寧
4	顧渚紫笋	☆	長興
5	平水珠茶		紹興
6	日鋳雪芽	☆	紹興
7	普陀佛茶	☆	普陀山
8	天目青頂	☆	臨安
9	華頂雲霧	☆	天台山
10	天尊貢芽		桐盧
11	臨海雲峰		臨海
12	臨海蟠毫		臨海
13	泉崗輝白	☆	茂県
14	東白春芽	☆	東陽
15	太白頂芽		東陽
16	鳩坑毛尖		淳安
17	安吉白片	☆	安吉
18	雁蕩白雲	☆	楽清雁蕩山
19	双龍銀針	☆	金華
20	開化龍頂		開化
21	建徳苞茶		建徳
22	莫干黄芽	☆	徳清
23	婺州挙岩		金華
24	蘭渓毛峰	☆	蘭渓
25	千島玉葉		淳安
26	清渓玉芽		淳安
27	遂昌銀猴		遂昌
28	盤安雲峰		盤安
29	仙居碧緑		仙居
30	松陽銀猴		松陽

31	余姚瀑布	☆	浙江省余姚
32	江山緑牡丹		江山
33	洞庭碧螺春	☆	江蘇省呉県
34	南京雨花	☆	南京
35	天池茗毫		蘇州
36	江寧翠螺		江寧
37	無錫毫茶		無錫
38	金壇雀舌		金壇
39	前峰雪蓮		溧陽
40	金山翠芽		鎮江
41	南山寿眉		溧陽
42	江寧梅龍		江寧
43	仙人掌茶		湖北省当陽
44	恩施玉露	☆	恩施（蒸青緑茶）
45	峡州碧峰	☆	宜昌
46	双橋毛尖		大悟
47	亀山岩緑		麻城
48	金山翠峰	☆	武昌
49	水仙茸勾		五峰
50	車雲毛尖	☆	随州
51	隆中茶		襄県
52	太平猴魁	☆	安徽省太平
53	黄山毛峰	☆	黄山
54	斉雲瓜片	☆	六安
55	涌渓火青	☆	涇県
56	琅源松羅	☆	休寧
57	老竹大方	☆	歙県
58	敬亭緑雪	☆	宣城
59	九華毛峰		九華山
60	舒城蘭花		舒城
61	天柱剣毫		潜山
62	瑞草魁		郎渓

63	午子仙毫		陝西省西郷
64	秦巴霧毫		鎮巴
65	紫陽毛尖		紫陽
66	漢水銀梭		南鄭
67	信陽毛尖	☆	河南省信陽
68	仰天雪緑		固始
69	安化松針	☆	湖南省安化
70	高橋銀峰	☆	長沙
71	岳麓毛尖		長沙
72	東湖銀毫		長沙
73	桂東玲瓏	☆	桂東
74	古丈毛尖	☆	古丈
75	獅口銀牙		古丈
76	河西園茶		長沙
77	郴州碧雲		郴州
78	黄竹白毫		永興
79	江華毛尖		江華
80	雪峰毛尖		桃江
81	官荘毛尖		沅陵
82	南岳雲霧	☆	衡山
83	湘波緑		長沙
84	韶峰茶		湘潭
85	石門牛抵	☆	石門
86	辰州碣灘	☆	沅陵
87	五蓋山米茶	☆	郴州
88	盧山雲霧	☆	江西省盧山
89	婺源茗眉	☆	婺源
90	狗牯脳茶	☆	遂川
91	修水双井	☆	修水
92	上饒白眉		上饒
93	井岡翠緑		井岡山
94	瑞州黄檗		高安

95	山谷翠緑		江西省修水
96	新江羽絨		遂川
97	小布岩茶		寧都
98	通天岩茶		石城
99	周鉄打茶		豊城
100	龍舞茶		吉安
101	九龍茶	☆	安源
102	南城麻姑	☆	南城
103	窩江茶		南康
104	雲林茶		金渓
105	攢林茶		永修
106	蒙頂甘露	☆	四川省蒙山
107	峨眉峨蘂	☆	峨眉山
108	竹葉青茶	☆	峨眉山
109	景星碧緑	☆	重慶
110	文君嫩緑		邛崍
111	峨眉毛峰		雅安
112	青城雪芽		都江堰
113	宝頂緑茶		墊江
114	永川秀芽		永川
115	南糯白毫	☆	雲南省勐海
116	雲海白毫		勐海
117	蒼山雪緑		大理
118	墨江雲針		墨江
119	大関翠茸		大関
120	緑春瑪玉		緑春
121	宝洪茶		宜良
122	化佛茶		牟定
123	都匀毛尖	☆	貴州省都堡
124	遵義毛峰		湄潭
125	貴定雲霧	☆	貴定
126	綱江翠片	☆	綱潭

127	桂平西山	☆	広西チワン族自治区 桂平
128	南山白毛	☆	横県
130	塘毛尖		貴港
131	象棋雲霧		昭平
132	凌雲白毫		凌雲
133	古労茶	☆	広東省高鶴（晒青緑茶）
134	龍岩斜背		福建省龍岩
135	七境堂緑		羅源
136	天山緑茶		寧徳
137	石亭緑茶		南安

【花茶】

1	珠蘭花茶	☆	安徽省歙県（珠蘭）
2	茉莉蘇明毫	☆	江蘇省蘇州（ジャスミン）
3	桂花紅茶		四川省重慶（木犀）
4	桂花烘青		貴州省桂林（木犀）
5	茉莉大白毫	☆	福建省福州（ジャスミン）
6	福州珠蘭花	☆	福州（珠蘭）
7	天山銀毫		寧徳（ジャスミン）
8	桂花烏龍		安渓（木犀）

【烏龍茶（青茶）】

1	武夷岩茶	☆	福建省武夷山
2	水仙茶	☆	建陽・建甌など
3	鉄観音	☆	安渓
4	大紅袍	☆	武夷山
5	黄金桂	☆	安渓
6	白毛猴		政和
7	武夷肉桂		武夷山
8	永春佛手		永春
9	安渓色種		安渓
10	鳳凰水仙	☆	広東省潮安

11	饒平色種		広東省饒平
12	凍頂烏龍	☆	台湾南投
13	文山包種	☆	台北

【紅茶】

1	祁紅工夫	☆	安徽省祁門
2	川紅工夫	☆	四川省宜賓・高県など
3	滇紅工夫	☆	雲南省鳳慶・臨滄など
4	正山小種	☆	福建省武夷山
5	政和工夫		政和
6	坦洋工夫		福安
7	白琳工夫		福鼎
8	英徳紅茶	☆	広東省英徳
9	寧紅		湖南省平江
10	湖紅		安化・桃源など
11	湘紅		石門・桑植など
12	寧紅工夫		江西省修水・武寧など
13	越紅		浙江省紹興・諸暨など
14	宜紅工夫		湖北省宜昌

【白茶】

1	福鼎蓮心	☆	福建省福鼎
2	白牡丹茶	☆	福鼎・政和・建陽など
3	白毫銀針	☆	政和・福鼎・建甌など
4	貢眉		建陽・政和など
5	寿眉		建陽・政和など

【黄茶】

1	君山銀針	☆	湖南省岳陽
2	北港毛尖		岳陽
3	潙山毛尖	☆	寧郷
4	温州黄湯	☆	浙江省泰順・平陽など

5　霍山黄芽　　　　　安徽省霍山
6　皖西黄茶　　　　　　　　霍山・金寨など
7　鹿苑毛尖　☆　　　湖北省遠安
8　大葉青茶　　　　　広東省韶関・肇慶など
9　蒙頂黄芽　　　　　四川省蒙山
10　海馬宮茶　☆　　　貴州省大方

【黒茶と緊圧茶（固形茶）】

1　六堡茶　☆　　　　広西省蒼梧
2　普洱沱茶　☆　　　雲南省西双版納
3　普洱散尖　　　　　　　　西双版納（葉茶）
4　雲南沱茶　　　　　　　　大理
5　重慶沱茶　　　　　四川省重慶
6　康磚　　　　　　　　　　雅安
7　方包茶　　　　　　　　　都江堰
8　黒磚　　　　　　　湖南省安化
9　花磚　　　　　　　　　　安化
10　湘尖茶　　　　　　　　　安化（葉茶）
11　茯磚　　　　　　　　　　益陽
12　青磚茶　　　　　湖北省蒲圻
13　米磚茶　　　　　　　　　趙李橋

第七章　中国茶のたしなみ

台湾・樟樹湖

これまでの各章で見てきたように、茶にはさまざまな利用形態がある。茶樹が身近にあるかどうか、また茶のとらえ方によって、いろいろな飲み方が自然に生まれてくるわけである。一般に、生活圏内に原生茶樹が生長している地域では、茶は他の地域より生活に融合していることがわかる。中国大陸の西南部に生息している少数民族が茶の葉を野菜として調理している感覚は、他の地域の人々にはない。彼らは昔から茶の葉を漬けて食べたり、スープにしたりしてきた。喫茶の原点がそこにあると考えるのは、このためである。

茶が茶樹の原生地を出発点に北へ伝播され、人々が西南地方の茶文化を摂取していくなかで、前の章で紹介した「擂茶《らいちゃ》」のような飲み方、というよりも濃厚なスープのような茶の「食べ方」が、その他の地域に広がった。陸羽《りくう》の『茶経』によれば、唐代に入ると陸羽の身辺を取り巻く民間の喫茶環境は、すでにこの西南色に色濃く染められていた。それと同時に、陸羽が提唱した茶葉だけによる飲用も知識人を中心に支持され、時が推移するにつれて中国茶の主要な飲用法となっていた。

茶は、またその他にも異なる立場にいる人々によって多くの利用方法が考え出された。漢方医は、「益思、少臥、軽身、明目」(頭をすっきりさせる、眠気を覚ます、倦怠感をなくす、目の疲れをとる)など中国古来の薬書に説かれている茶の薬理作用に注目し、茶を薬草と見ている。これに対して、宗教家は修身の方便として覚醒作用のある茶の飲用を奨励したり、禅宗では宗教儀礼を進行させる道具にまで茶を仕立てたりした。

こうして、中国茶は長い歴史の中で千変万化の様相を見せてくれたが、中国人の日常生活に根差した根本的な喫茶はどうなっているのか、日本にいる我々は中国茶とどう接していくべきか、中国人の茶に対する見方の変遷を時代とともに振り返りながら、紹介しておこう。

1　風味と視覚効果の追求

中国茶を性格付けた元祖的な存在は、なんといっても唐の陸羽である。彼が鼓吹した茶葉だけによる飲用法は、中国人が潜在的に持つ五感重視の特性を誘発した。特に味覚と視覚と嗅覚の三感覚による感受の重視は、その後は中国茶を飲用する時の三要素となっている。

前にも述べたように、陸羽はスープのような飲み方を溝の捨て水と酷評している。そのような飲み方では、茶の真の味と色合いを損なうだけでなく、その風味と色合いに対する感受性も鈍るからである。茶を飲むなら、茶にだけ向かえと主張している。そこで彼は民間の喫茶から、少量の塩以外のすべての添加物を排除した。そのうえ茶湯の味を徹底的に賞味するために、煎じるときに湯の表面に浮かぶ泡も汲んで飲むように薦めた。陸羽からみれば、この泡こそ茶の湯の真髄だという。『茶経』の「茶を煮る」の章で、茶湯の泡について次のように書かれている。

沫餑、湯之華也。華之薄者曰沫。厚者曰餑。細軽者曰花。如棗花漂漂然於環池之上。又如回潭曲渚青萍之始生。又如晴天爽朗有浮雲鱗然。其沫者、若緑銭浮於水渭。又如菊英堕於尊俎之中。餑者、以滓煮之。及沸、則重華累沫、皤皤然若積雪耳。

(訳)

泡は茶湯の髄である。薄いものは「沫」といい、厚いものは「餑《ほっ》」といい、さらに細かく軽いものは「花」という。「花」が浮くと環状の池に漂う棗《なつめ》の花の如く、または回りくねる淵や渚《なぎさ》に生えはじめた浮草の如く、さらにまた晴れ渡った空に広がる鱗雲《うろこぐも》の如し。「沫」が浮かぶとその形状は水辺に浮く緑の苔の如く、または酒樽に落ちた菊の花片の如し。「餑」とは、茶末を煮て沸騰した後に出る濃厚な泡で、何重にも膨れ上がる「餑」はまさに輝かしい積雪のように見える。

『茶経』は全編を通して簡潔な表現が多く、このように文学的な修飾で形容している部分はここだけである。陸羽がいかに泡を重視しているかがわかる。泡は、茶湯の味を濃厚にするのは無論のこと、飲む人の視覚をも刺激する。中国人はこの刺激によって感性を豊かにし、歓喜したり、嘆息したり、感激して涙したり、または沈思黙考して、それぞれの境遇と心境を発露していたに違いない。

しかし、茶湯を視覚的に楽しむ伝統は陸羽が作ったのではない。陸羽の功績はこの伝統を受け継ぎ、発揚させたところにある。陸羽と同じように美しい茶湯に感銘し、それを漢詩にして称えた文人は、その前の時代にも後の時代にも数多く存在していた。唐の前の時代、西晋の杜育《といく》が次の詩を残した。

（略……）
器沢陶簡、出自東隅。
酌之以匏、取式公劉。
惟茲初成、沫沈華浮。
煥如積雪、曄若春敷。

（訳）
（略……）
東の田舎から持ってきた
光沢のある茶器、手軽な水差し。
瓢《ひさご》で水を汲《く》み
祖先の公劉《こうりゅう》様の作法に則って
ここで茶を煎じあげた。
茶の沫が沈み、泡の華が咲いた。
ああ、それは積もった雪のように白く

春の草花のように輝いた。

野趣に富んだ愉快な喫茶光景を呈しているこの漢詩は、茶が単に飲むだけのものではなく、見るものでもあるという、中国人の茶に対する見方を端的に表現している。

ところで、陸羽の茶に対する視覚的感性の追求は、茶湯の表面に浮かぶ泡にとどまらず、煎じ出された茶湯の色も鑑賞の対象としていた。唐代煎茶の色は淡黄色を呈している。その視覚効果を高め、より鮮やかな色合いを出すために、陸羽は越州窯の青磁茶碗を極力推奨した。コントラストによって茶湯の色をより鮮明に、より美しく見せるこの手法は、後世の中国茶に多大な影響を与え、宋代の黒い天目《てんもく》茶碗、明代の白磁茶碗などの流行にもつながった。

2　色と香と味の調和

宋代に入ると、味覚と視覚に加え、香りに対する嗅覚的感受性をも喫茶に求めるようになった。宋代の喫茶を代表する茶書、蔡襄《さいじょう》の『茶録《ちゃろく》』では、初めの三章に「その色」「その香」「その味」を割り当て、史上はじめて茶の色・香・味について系統を立てて論じた。『茶録』の色・香・味についての論述は、結果的に中国茶を飲用するにあたっての、最初の視覚的・嗅覚的・味覚的基準となったわけである。

蔡襄は「その色」について、次のように論じている。

茶色貴白。而餅茶多以珍膏油其面。故有青黄紫黒之異。善別茶者、正如相工之瞟人気色也。隠然察之於内。以肉理潤者為上。既已末之。黄白者受水昏重。青白者受水鮮明。故建安人開試。以青白勝黄白。

（訳）

茶の色は白が最高である。餅茶《へいちゃ》の場合はその表面に艶出しの油が塗ってあるものが多いため、青・黄・紫・黒などの色違いの品がある。製茶の良し悪しが見分けられるプロは、人相を見てその人の運命を判断する人相見のように、餅茶の表面を見ればその内面がわかる。たいがい潤いがある品は最上である。餅茶を擂《す》って粉末にした茶は黄色みがかった白であれば、湯を注ぐとどんよりとした暗い色となり、青白い茶は湯を注ぐと鮮やかな白い色となる。建安の闘茶会では、青白の茶を本茶とし、黄白の茶より勝るとしている。

これは、宋代からはやりはじめた「点茶」の色について述べたものである。茶道においても日常の喫茶においても深緑の茶を愛飲する日本人は、あまり白い茶にはなじまないかもしれないが、宋人には大変尊ばれていた。北宋時代の故事、詩歌を採録した書『候鯖録《こうせいろく》』で、北宋の学者であり政治家でもある司馬光が、「茶と墨は正反対である。茶は白いほど良く、墨は黒いほど良い」と述べているように、白は宋代では茶を品評する基準となっていたことがわかる。

前の章でも述べたように、宋代の「点茶」は、茶末と湯が溶け合い、それに豊富な気泡が含まれた、どろっとした粥のように濃厚なものであった。それを黒い茶碗で点《た》てると、白と黒の対比が際立ち、コントラストが冷色の美しい調和の美を演出している。この景観は宋人の視覚を強く刺激し、多くの感受性豊かな文学作品を産むことになった。

蘇軾『試院煎茶』(部分)

蒙茸出磨細珠落
眩転繞甌飛雪軽

(訳)
細かい真珠のように　臼からもくもくと落ちる
茶碗をくるくるとかき混ぜると　軽い雪が飛び散る。

蘇軾『汲江煎茶』(部分)

雪乳已翻煎処脚

松風忽作瀉時声

（訳）

雪のような、乳のような白い茶湯が沸き上がり

松林を吹く風のような音が　たちまちうなる濤声《とうせい》となる

陸游『臨安春雨初霽《しょせい》』（部分）

矮紙斜行閒作草

晴窓細乳戯分茶

（訳）

つれづれなるままに　巻紙に草書で筆を走らせて

晴れ晴れしい窓辺で茶を分ける　細乳のような泡と戯れながら

黄庭堅『煎茶賦《ぶ》』（部分）

洶洶乎如澗松之発清吹

皓皓乎如春空之行白雲

（訳）

松風のように洶洶《きょうきょう》たる沸騰の音を発し
春の空を流れる白き雲のように輝かしい

宋の文人は、このように黒い茶碗に膨れ上がる白い泡を「細乳」とか「雪乳」になぞらえたり、「飛雪」と「白雲」などを連想したりして、視覚的感受により文学的想像力を豊かにした。続いて、香と味について『茶録』は、それぞれ次のように述べている。

茶有真香。而入貢者微以龍脳和膏、欲助其香。建安民間試茶、皆不入香。恐奪其真。若烹點之際、又雑珍果香草。其奪益甚。正當不用。……茶味主於甘滑。……又有水泉不甘、能損茶味。……

(訳)

茶には真の香がある。献上茶はすこし竜脳を混ぜて、その香を濃厚にするが、民間の茶会では一切香料を使わない。茶本来の香を損なうからである。飲用するときに果実やハーブ類を入れることもあるが、なお香を壊すこと甚だしいので、使うべきではない。茶の味は甘くて滑らかである。……また、煎茶用の水が甘くなければ、茶の味を損なうことになる……。

「その香」の章で、蔡襄は茶には独特の香りがあることを指摘しているが、具体的にどんな香りかは言及していない。茶の香りについて突っ込んで論じたのは、50年あまり経った後の、宋代第八代目皇帝、徽宗が著わした『大観茶論《たいかんちゃろん》』である。その「香の章」によると、最高の香りは「桃の種に似たような匂いがする。茶碗に入れると、その芳しい香りが爽《さわ》やかな秋の空気のように四方に達する」。一方、「鼻を突くような酸っぱい匂いは最悪である」としている。

それに対して、味についてては、『大観茶論』も『茶録』と同様「甘くて滑らかな味がする」と言っている。甘くて滑らかな味とはどんな味なのか、宋代の製茶をすでに入手できない現在では想像もつかない。泡も飲用する宋代の茶は、たぶん泡が立つ生ビールのような口当たりであろうか。

しかし、『茶録』は中国茶の接し方を我々に示してくれた。味に加えて、色と香りも中国茶を楽しむ大事な要素であることを教えている。現代の中国茶は、煎じ上げた茶湯の色をまず賞翫《しょうがん》し、続いてその香りを嗅ぎ、最後に賞味するという順に飲用されているが、「色の観賞」「香りの感受」「味の賞味」の三拍子揃った飲用法は、特に中国式「品茶」と称している。この「品茶」の伝統を作ったのは、正しく蔡襄の『茶録』であるといえよう。彼が意図的にそう論じたかどうかはわからないが、「その色」「その香」「その味」という立論は「品茶」の順序と一致している。

3　品茶の成立

現代の中国茶は明代の製茶を母胎とし、清代に完成されたと述べたが、「品茶」の基本も明代にでき上がった。固形茶に取って代わった葉茶、特に釜炒りの葉茶は今とほとんど変わらない飲み方をしている。明人は、炒り製茶の、透明感のある茶湯の色を楽しもうと、白磁の茶碗を愛用するようになった。この白磁の茶碗は特に淡い茶色のジャスミン茶（茉莉花茶）と相性がよく、今でも北京をはじめ、北方の地域で広く使われている。一方、味覚追求の陶製茶壺（急須）の使用も明代から盛んになり、明清二代にわたって数多くの名器が製作された。

茶の香りと味を逃がさないように、品茶用の陶製茶壺は一般に小さいものが珍重されている。その妙法について、明の馮可賓《ふうかひん》は『岕茶牋《かいちゃせん》』で次のように明快に論じている。

壺小則香不渙散。味不耽閣。況茶中香味、不先不後、只有一時。太早則未足、太遲則已過。的見得恰好一瀉而尽。

（訳）

茶壺が小さいと、茶の香りは散らず、味も逃げない。茶の香りと味は、そもそも一時的なもので、それを味わうタイミングがある。早すぎると味と香りが十分に出ないし、遅すぎるとそれが消えてしまう。タイミングを見計らって一気に茶碗に注ぎ、賞味しなければならない。

「品茶」の要を突いた論であるといえよう。小さい茶壺は茶本来の味と香りをぎゅっと包み、茶碗に注ぐ瞬間にそれを最大限に表現しているからである。そのため、「品茶」は少人数で行うことになっている。明人の張源は『茶録』で客の数について、次のように言う。

飲茶以客少為貴。客衆則喧。喧則雅趣乏矣。獨啜曰神、二客曰勝、三四曰趣、五六曰泛、七八曰施。

(訳)

飲茶は客が少ないほうがよい。客が多いと喧《かまびす》しくなり、品茶の雅《みやび》やかな風情を壊してしまう。一人で賞味することを「神」といえば、二人の客は「勝」といい、三、四人の客は「趣」といい、五、六人の客は「泛」という。七、八人の客がいると「品茶」ではなくなり、「施茶」になってしまう。

「神」とは、神妙で清らかな心の状態を指しており、中国の品茶が達する最高の境地である。これは座禅と同じように一人で会得しなければならない。「品茶」は、主人が二人の客を交えた三人で行うのがいちばんである。四、五人でも趣があるが、六、七人になるともう風情を感じない。それ以上の人数を呼んだら、それはただ茶を飲ませるだけであるという。張源を代表とする明人が主唱したこの少人数の喫茶は、今では中国「品茶」の原則となっており、当代の茶人たちに受け継がれている。

ところで、張源の時代から、中国製茶は炒り製茶が主導的地位になりつつあり、香りも味も色も蒸して固める固形茶と比べて、大きな変化を見せはじめる。炒り製茶の香りは、『茶録』では「真香」「蘭香」「清香」「純香」の四類に分けられている。穀雨の前に採れた一番茶が持つ茶本来の香りは、最高の「真香」という。炒り具合によっては、蘭のような香り、清らかな香り、純正な香りなどがある。

茶は化学分析によると、緑茶で200近く、紅茶で300近くの芳香成分を有していることが最近わかってきた。製茶方法により、「甘い香り」「焦げた香り」「焼き栗のような香り」などが生じるが、最上品の茶は言葉で表現できない新茶特有の香りを持っている。これが張源のいう「真香」であろう。明代の最上品の炒り製茶は、翡翠《ひすい》のような鮮やかな青緑色を呈しており、まろやかで甘みがあるので、張源の『茶録』では「真色」と「真味」と称して、「真香」と並んで「品茶」の基準としている。

このように、茶の真を追求することは、中国「品茶」の根幹であり、真髄であるといえる。

ところで、前章で紹介したように、明代以降の清代から近代までは、中国茶は長足の発展を遂げており、さまざまな手法で新しい製茶が開発された。特に発酵茶の製造は、中国茶の「色」「香」「味」の種類を豊かにし、単一の「真」が存在しなくなった。むしろ、それぞれの製茶の個性を楽しむのが、今の中国「品茶」の特徴である。

烏龍茶に代表される発酵茶は、他の製茶に比べると馥郁《ふくいく》たる香りと濃厚な味わいを持っているので、「品茶」の主眼はその香りと味わいを楽しむことに置かれている。そのため、「工夫茶《くふうちゃ》」の茶人たちは、明代の伝統を継承した陶製の茶具をもっとも愛用している。陶製茶具は香りがなじみやすく、最大限に烏龍茶の個性を生かしているからである。現今の「工夫茶」用の茶具は、香りを聞く（かぐ）ための「聞香杯《もんこうはい》」や、烏龍茶独特の赤みがかった茶色を観賞するように白く仕上げた茶碗もセットされ、烏龍茶の風合いを色・香り・味の三面から感じることができる。最近は、このような中国茶具一式が日本でも簡単に入手できるようになった。

これに対して、緑茶や黄茶などの製茶は、それぞれの「真」の香りと「真」の味を持っているが、最大の特徴は、その透明感のある純粋な色合いである。中国の緑茶の産地に行けば、ガラス製の茶具で茶を飲む人をよく見かける。透明なガラスを超え、茶は外の自然界に溶け込み、山水画のような風景を作り出してくれる。中国南方の秀麗奇抜な自然に囲まれながら、ガラスの中に描かれた茶の絵を満喫するのも、「品茶」の魅力の一つであろう。

一方、中国の北方では、薫花茶《くんかちゃ》系のジャスミン茶がもっとも愛飲されている。茶の「真香」を壊すと批判されてきたこの種の製茶が、産地から遠く離れた地域で絶大な評価を博したのには訳がある。一つには、北方は地理的に新茶を手に入れることが困難なため、歴史的に固形茶の消費地域であったということがあげられる。二つには、北方の乾燥した空気が、いっそう効果的に「花茶」の香りを引き出すことができるからである。緑が少なく空気が乾いた冬場に、ジャスミン茶の清らかで深遠な香りが、どれだけ多くの心に潤いを与えてくれたであろう。今は、北方でも中国製茶のほとんどを入手できるが、典型的な北方人の花茶に対する思いは変わらない。彼らにとっては、あの典雅な香り、渋みを帯びた甘みのある味、淡い透明な茶色こそが「真」なるものであるといえる。

このように、中国茶は時代とともに製茶の方法と飲用の方式が変容しており、「品茶」も地域によってさまざまな表現形式が存在している。長い歴史が、中国茶に奥の深い内容を持たせてきたのである。しかし、古今東西の喫茶を問わず、中国茶に共通するものがある。それは形式にこだわらず、個人の感受性を重視することである。どんな製茶でも、自由闊達《かったつ》な心持ちで豊かな感受性をもって向かえば、そこに「品茶」が成立することになる。

第八章　中国喫茶の心

日本京都・栄西茶碑

1　仙道達観の茶

歴代の中国人は「品茶」の色・香・味に対する感性を通して、いったい心に何を会得しているのか。言い換えれば、中国茶の心は何であろう。ここで、まず唐の詩人、盧仝《ろどう》の漢詩、『走筆謝孟諫議寄新茶』に詠まれた茶事を見てみよう。

日高丈五睡正濃、　軍将打門驚周公。
口云諫議送書信、　白絹斜封三道印。
開緘宛見諫議面、　手閲月団三百片。
聞道新年入山里、　蟄虫驚動春風起。
天子須嘗陽羨茶、　百草不敢先開花。
仁風暗結珠蓓蕾、　先春抽出黄金芽。
摘鮮焙芳旋封裹、　至精至好且不奢。
至尊之余合王公、　何事便到山人家。
柴門反関無俗客、　紗帽籠頭自煎喫。
碧雲引風吹不断、　白花浮光凝碗面。

一碗喉吻潤、　二碗破孤悶。
三碗捜枯腸、　惟有文字五千巻。
四碗發軽汗、　平生不平事、尽向毛孔散。
五碗肌骨清、　六碗通仙霊。
七碗喫不得也、　唯覚両腋習習清風生。
蓬莱山、在何処、玉川子、乗此清風欲帰去。
山上群仙司下土、地位清高隔風雨。
安得知百万億蒼生命、堕在巓崖受辛苦。
便為諫議問蒼生、到頭還得蘇息否。

(訳)

日が高く昇ったのに、ぐっすり朝寝をしていた。
使いの軍人が門を叩いて夢を打ち破ってくれた。
言うには、孟諫議から書信を言付かってきたと。
白絹で包まれた小包には三箇所封印が押され、
書信を開くと、親友の顔が思い浮かんだ。
諫議からの贈り物、丸い団茶三百個確かに届いた。

手紙によると、新年早々新茶を採りに山に入ると、
冬眠中の虫を覚ます春風が、もう吹き始めていた。
陽羨の新茶は百草が咲く前に採るもので、
先ず天子が口にする天下の絶品だ。
暖かい風は人知れず玉のような蕾を運び、
茶樹は春に先駆けて黄金色の芽を吹き出す。
新芽を摘み、それを焙じてはすぐに包むという。
それほど貴重で、手が届かない極上の品。
皇室献上の余りは王侯に送られるが、
山野の人家にも届けられるとは驚きだ。
柴の折り戸を閉めれば、俗なる客が入らない。
自ら煎じて新茶を賞味せんと、恭《うやうや》しく薄絹の帽子を被った。
緑の茶湯は沸きあがり、風が吹こうと断たぬ水煙、
白い花は光りながら茶碗に浮かんできた。
一杯目はまず喉と口を潤し、二杯目は寂しさを和らげてくれた。
三杯目を飲むと萎《しぼ》んだ詩情が蘇り、文字が五千巻も湧いた。

四杯目を飲むと軽く汗が出て、平生の不満不平はすべて流されてしまう。

五杯目を飲むと体が清められ、六杯目を飲むと神仙の御霊に通じた。

七杯目は飲んではならぬ、もう両脇を吹き抜けていく風を感じた。

神仙の国、蓬莱山は一体何処にあるのか、私、玉川子はその風に乗って帰ろうかな。

山上の神仙たちは下界を支配しているが、地位が高く、環境に恵まれ、風雨に晒されることもない。

険しい断崖から落ちる危険を冒《おか》して、新茶を採るために、
幾千万の民衆が苦しみに喘いでいる現状を知っているだろうか。

百姓のために諫議にお尋ねしたい。いつ休めるときが来るのか？


この詩は、中国の喫茶に関する茶詩の中で、もっとも後世の文人・茶人に影響を与えたものである。重厚な詩文、奔放で美しい表現は詩人の孤高な品格を如実に表している。それよりも、我々が深い感銘を受けているのは、茶に対する詩人の細かい感性であり、詩に謳歌された飲茶の精神である。盧仝のこの詩が千古の絶唱と称されているのも、このためである。

盧仝は河南の出身で、幼少の頃より勉学に励み、儒・佛・道の学問に通じていた。しかし、彼の人生観は、この詩に反映されているように、道教的な要素が終始決定的な割合を占めており、仕官

の道を歩まず、権勢と塵俗《じんぞく》に背を向け、生涯隠棲の生活を送っていた。

『走筆謝孟諫議寄新茶』は262字もある長詩で、全体は三つの部分からなっている。始めの部分は新茶が届いた経緯、中間の部分は飲茶の感受、最後の部分は世間に対する詩人の批判が詠まれている。

新茶は、時の常州（現在の江蘇省）刺史《しし》（州の長官）孟簡《もうかん》（詩中の諫議（大夫）は役職名）から贈られた江蘇宜興産の銘茶「陽羨《ようせん》茶」である。「陽羨茶」はまた唐代の朝廷献上茶でもあった。李肇《りちょう》の『唐国史補』では、当時の極上献上茶を14品挙げている。産地によって見ると、次の通りになっている。

剣南（四川省）の蒙頂石花茶
湖州（浙江省）の顧渚紫笋茶
峡州（湖北省）の碧澗明月茶
福州（福建省）の方山露芽茶
岳州（湖南省）の灉湖含膏茶
寿州（安徽省）の霍山黄芽茶
蘄《き》州（湖北省）の蘄門月団茶

洪州（江西省）の西山白露茶
東川（四川省）の神泉小団茶
夔州（四川省）の香雨茶
江陵（湖北省）の楠木茶
婺《ぶ》州（浙江省）の東白茶
睦《ぼく》州（浙江省）の鳩坑茶
常州（江蘇省）の陽羨茶

陽羨茶の献上茶としての歴史は唐代から始まる。もとは無名の製茶であったが、陸羽の推薦で献上が始まったといわれている。南宋の胡仔《こし》が編纂した『苕渓漁隠叢話《ちょうけいりょういんそうわ》』に引用した『義興（宜興）県重修《ちょうしゅう》茶舎記』によると、御史大夫《ぎょしたいふ》（監察院長官）、李栖筠《りせいいん》がこの地方に来たとき、山寺の僧侶が地元の製茶、陽羨茶を捧げた。李栖筠はさっそく茶会を開き、招かれた客の中に陸羽もいた。陸羽は陽羨茶を賞味すると、香りが芳しく、味が甘く、なかなかの絶品である。そこで、上に献上するように薦めたという。陽羨茶に関するこのいわれが史実かどうかは明らかでないが、唐代の献上茶の中では歴史が浅い製茶である。それにもかかわらず、短期間で一躍して、「天子未だ嘗めぬ陽羨茶、百草敢えて先に花開かず」と詠まれるほどの極上の名茶になった。

なかなか口にすることのできない名茶を、友人の孟簡が監製の便に乗じて、盧仝にも送ってきたのである。陽羨茶を手にして感激する盧仝の姿は容易に想像できる。彼はさっそく、家の扉を中から閉め、自ら煎じて七杯も飲み続けたという。

詩の中間は、飲茶の光景とその感受を詠んだ部分である。この部分は後世に計り知れないほどの影響を与え、千数年の歳月を経た今でも茶人の間で愛唱されている。盧仝は、茶の生理的効用のみならず、その飲用によって到達した精神的境地を表現したことで、中国「品茶」における精神面の開拓を先駆した。彼の飲茶はその段階に応じて、喉を潤し、発汗を促すものが、清浄、高尚、脱俗、風雅な仙人の世界へと昇華していく。この飲茶の理念と意趣は歴代の文人に深い感銘を与え、飲茶の心境を詠んだ数多くの後世の漢詩には盧仝の影が見られる。ここに、その代表的なものを紹介しておく。

蘇軾《そしょく》（北宋）の『釅茶七盞《げんちゃしちさん》』

示病維摩元不病、
在家霊運已忘家。
何煩魏帝一丸薬、
且尽盧仝七碗茶。

（訳）
病気と称した維摩は元々病まず、
在家の謝霊運（注1）は家を忘れてしまう。
魏文帝が言う仙薬は私には不必要だ、
盧仝の茶を七杯飲めばいい。

崔道融《さいどうゆう》（五代・閩《びん》）の『謝朱常侍寄蜀茶』（部分）
　瑟瑟香塵瑟瑟泉、
　驚風驟雨起炉煙。
　一甌解却山中酔、
　便覚身軽欲上天。

（訳）
しんしんと立ち上る芳しい湯気、
さらさらと流れる清らかな湧き水
風炉を立てて茶を煎じあげて
一缶の茶で深い酔いを醒まし

身を軽やかにして、天に飛んでいく。

梅堯臣《ばいぎょうしん》（北宋）の『嘗茶和公儀』（部分）

莫誇李白仙人掌、
且作盧仝走筆章。
亦欲清風生両腋、
従教吹去月輪傍。

（訳）

李白の仙人掌茶なんぞ誇りにならぬ
北苑の団茶は盧仝の陽羨茶に匹敵でき、
そよ風が両脇を吹きぬけて、
われを月まで舞い上がらせてくれた。

范仲淹《はんちゅうえん》（北宋）『和章岷《しょうびん》従事闘茶歌』（部分）

長安酒価減百万、
成都薬市無光輝。

不如仙山一啜好、
冷然便欲乗風飛。

（訳）
長安の酒は百万銭も値下がり
成都の薬市はもう惨憺《さんたん》たる状況だ。
神仙の山から産出した茶に及ばず
そよそよと吹かれて飛んでいくのだ。

陳継儒《ちんけいじゅ》（明代）の『失題』

山中日日試新泉、
君合前身老玉川。
石枕月侵蕉葉夢、
竹炉風軟落花煙。

（訳）
日々山中の清らかな泉で茶を飲む
君の前身は盧仝だ。（盧仝は玉川子と号する）

石を枕にして蕉葉の夢(注2)を見る。
竹の風炉から煎茶の煙が立つ。

馮璧《ふうへき》(金代)の『東坡《とうば》海南烹茗図』

講筵分賜密雲龍
春夢分明覚亦空。
地悪九鑽黎洞火
天游両腋玉川風。

(訳)

蘇東波はかつて講義の席で竜団茶を賜った
今は海南に流されて、人生は春に見た夢のようだ
現地の黎《リー》族と同じように洞窟の生活を送っても
両脇には玉川子の風を抱えて、天に遊ぶ。

盧仝はこのように、歴代の中国文人の精神的拠り所になっているのである。彼の俗塵を超脱した処世の姿と現世を達観した精神が、どれだけ失意の底に沈んだ人々を元気づけたことであろう。彼

の「清風」を呼ぶ喫茶は、これからも、中国人のみならずあらゆる人の共感を喚起するに違いない。

2　精行倹徳の茶

これに対して、同世代の陸羽は『茶経』で積極的な喫茶を展開していた。喫茶の器具と作法を形式化する一方、精神面では「身を慎み、努力精進」の道徳的な喫茶理念を打ち立てた。

陸羽は『茶経』第一章の〈茶の起源〉で、茶樹の形態、茶名の種類、成長条件、栽培方法、品質の優劣、茶の効用などを広範にわたって論説した後、喫茶の行為を伴う道徳的基準について、次のように定義している。

茶之為用、味至寒、為飲最宜、精行倹徳之人。

(訳)
茶の効用は、味は至って寒性であるため、飲用にもっとも適しているのは、精行倹徳の人である。

「精行倹徳」とは身を慎み、質素な暮らしを送り、日々精進努力していることである。この定義は、修行に励む禅寺の僧侶や人格の向上を目指して参禅している文人たちを強く意識している。第三章にも述べたように、陸羽は義父に逆らって出家を頑《かたく》なに拒んだが、禅寺で育てられた経歴が彼の人生観に少なからぬ影響を与えた。

『茶経』は、茶器の設計理念やその飲用方式など、王侯貴族に迎合すべく体裁を重んじる側面がある一方、彼が主張したこの「精行倹徳」の喫茶理念は自らを律する宗教的な色彩を色濃く帯びている。この理念は、陸羽自身の人生観を反映したものでもあり、彼の一生を貫いている。

こうして、陸羽は中国の寺院で実践している喫茶の規範を改良して、儒教的な要素を加味しつつ、均衡と調和に富んだ風雅な唐代喫茶の形式を成立させたばかりでなく、初めて喫茶に関する道徳の理念をも樹立した。この内省的で高踏な喫茶理念は盧仝の開放的で飄逸《ひょういつ》な喫茶風格と並んで、「中国品茶」の両翼を担うことになっている。

陸羽の茶は、当時唐代の社会に浸透しつつあった禅の思想と儒教との融合の気運が高まる中で生まれたものである。そのため、「精行倹徳」の喫茶理念は、儒教的教養を持ち、加えて禅学の感化を受けた歴代の中国知識人、いわゆる「文人」たちの「品茶」に対する考え方を代弁している。中国文人たちが求めている人格の向上と冷徹な思考力という精神生活と、茶が持つ覚醒作用と寒素な本性とは、おのずから一致しているからである。

中国文人が共有しているこの「品茶」の考え方について、明の屠隆《とりょう》が『考槃餘事《こうばんよじ》』に次のように論破している。

茶之為飲、最宜精行修徳之人。兼以白石清泉、烹煮如法。不時廃而或興。能熟習而深味。神融心酔。覚與醍醐甘露抗衡。斯善賞鑑者矣。使佳茗而飲非其人、猶汲泉以灌蒿莱。罪莫大焉。有其人而未識其趣。一吸而尽。不暇辨味。俗莫甚焉。

(訳)

茶の飲用は、品性の向上を目指し、精進努力している人格者にもっとも適している。潔白な石から湧き出る清らかで澄んだ泉で、作法に則って茶を煎じなければならず、その飲用は断続的に行うべきではない。継続的に飲用して、その作法に熟練し、その味を会得することは大切である。茶の奥義を極め、神に入り、心酔してはじめて、醍醐や甘露に匹敵するようになる。茶の達人とはこういうことである。たとえ、最高の茶でも、茶飲みの奥義がわからない人が飲むと、それは恰《あたか》も湧き水を汲んできて、ヨモギやアカザにかけるのと同じで、この上ない大罪である。茶の趣を知らず、味を弁《わきま》えないで、がぶがぶ飲むことは、低俗そのものである。

このように、陸羽をはじめとする中国文人が求めている「品茶」は、座禅と同次元の行為であり、日々の探求を積み重ねて、茶の「寒」の本性を認識し、その奥義を極めることによって、「神融心酔」の悟りの境地に到達することである。また、この過程は茶を飲む人がその人格を磨き、その品性を向上させるプロセスでもある。

陸羽は『茶経』の中で製茶の規則、飲茶の作法、茶の産地、そして24種類にも上る煩雑な茶器などについて多くの筆墨を費やしているが、喫茶の精神面に関しては「為飲最宜精行倹徳之人」の一言に尽き、深くは言及しなかった。しかし、彼は最終章の「略式の茶事」で、次のようにも言っている。

其造具。若方春禁火之時、於野寺山園、叢手而掇。乃蒸乃舂、乃復以火乾之。則又棨、撲、焙、貫、棚、穿、育等七事皆廃。其煮器。若松間石上可坐。則具列廃。用槁薪、鼎櫪之属。則風炉、灰承、炭檛、火筴、交床等廃。若瞰泉臨澗。則水方、滌方、漉水嚢廃。若五人已下。茶可味而精者。則羅廃。若援藟躋嵓、引絙入洞、於山口炙而末之。或紙包合貯。則碾、拂末等廃。既瓢、盌、筴、札、熟盂、鹺簋、悉以一筥盛之。則都籃廃。但城邑之中、王公之門、二十四器闕一。則茶廃矣。

（訳）

初春、寒食（注3）の日に野外茶園や寺院茶園で採集した新鮮な茶葉を、その場で蒸して、搗《つ》いて、焙ることで製茶できれば、穴を開ける錐《きり》、餅茶を分ける工具「撲《ぼく》」、焙炉、餅茶を串刺しにして乾かす「貫」、乾かす時の「棚《ほう》」、製茶を串にする「穿《せん》」、湿気を取るための「育《いく》」など七つの製具はもう要らない。松林に入り、茶器を並べられる石があれば、茶棚はもういらない。茶を煎じる鍋と薪と桶《おけ》があれば、風炉や灰受け、炭割り、火箸、釜敷きなどはもういらない。湧き水や谷水を身近で汲めれば、水差しやこぼし、水濾《こ》しはいらない。茶客が5人以下で、良い味の茶があれば、篩《ふるい》と茶入れはいらない。藤蔓に掴《つかま》って崖を攀《よ》じ登り、ロープを掴って洞窟に入るときは、山の入り口で焙って茶末を作り、または紙に包んで箱に入れておけば、薬研《やげん》と羽箒はいらない。瓢《ひさぎ》と茶碗と竹箸と刷毛と湯桶と塩入れなどを竈に入れておくがよいだろう。茶箪笥《だんす》はもう不必要になる。24種類の茶具は王侯家のために用意したものである。一つでも不備があれば、茶事は全廃になる。

喫茶の形式を作った陸羽ではあるが、彼が求めた真の喫茶は形式に拘《こだわ》ったものではないことがわかる。製茶は餅茶でなく粗製の散茶でも、自然と渾然一体となってその真髄を理解できれば、形式も作法もすべて不必要になる。陸羽の本意は、茶の本性を探求するところにあると思われる。彼が打ち立てた喫茶の作法は現在の中国茶には伝わっていないが、『茶経』に見られたこの精神は、歴代の「品茶」の柱となり、盧仝とともに中国茶の精神的な拠り所として今日まで継承されている。

3　清雅恬淡の茶

ここまでに述べたように、中国の「品茶」は、盧仝の茶事に見られる超俗脱塵で飄逸開放的な風格と、陸羽が唱えた自然風雅で内省自律的な喫茶精神の両面を備えている。茶の色・香・味に対する感受やその純粋さへの追求も、結局のところそうした風格と精神を具現しようとするものである。清の人、陳貞慧《ていけい》は『秋園雜佩《しゅうえんざつはい》』で次のように述べる。

色・香・味三淡。初得口。泊如耳。有間、甘入喉。有間、静入心脾。有間、清入骨。嗟乎！淡者。道也。

(訳)

色と香と味はともに淡泊である。口に含むと味があっさりしていて、しばらくして喉を通ると甘く感じる。しばらくすると、心が安らぎ、落ち着いてくる。さらにしばらくすると、清風が骨を吹き通るような感じがする。ああ、茶の道は、恬淡《てんたん》である。

我々は、『秋園雜佩』で展開している「恬淡」の喫茶から、盧仝の「清風」や「通仙霊」、陸羽の「倹徳」と一脈相通ずるものを感じ取ることができる。それは茶事を通して会得した無欲の精神境地であろう。茶人が欲心をなくし、純真無垢の心持ちで茶に接してはじめて心が静寂清浄になり、「倹徳」を備え、仙霊の世界に通じる清風が生じてくるのである。

陸羽を始めとする中国人は、茶の性質が「寒」であると認識して以来、その「寒」の本性と結びついた穢《けが》れのない無欲の世界を茶の色、香り、味の「真」への感受によって止むことなく追求してきた。それは「倹徳」を備えた恬淡、清雅無欲の人しか到達できない境地である。その境地に通じる道程が中国「品茶」であり、または中国「品茶」が目指す最高の目標でもある。

４　大乗覚者の茶

趙州従諗《じょうしゅうじゅうしん》（７７８～８９７）という高名の禅僧がいた。平易な口語で深奥な道理を身の回りのものに例えて説き明かすのに長じ、１２０歳まで仏法を宣揚していたそうである。世の人々が師のことを「口唇皮上に光を放つ」と称賛しているほど、金句名言の多い師であった。

その中で、有名なのは「喫茶去《きっさこ》」という禅語で、岩波書店の仏教辞典によると、これは趙州従諗が相手の不明を叱責するときの語とされ、二つの意味に解釈されていると書いてある。

一つめは「茶を飲んで目を覚ましてこい」という意で、後にもう一つの「茶を召し上がれ」の意に転じられた。「喫茶去」の本来の意味は、喫茶という日常性の中に悟りの働きをみるという意味であるという。

曹州（山東省菏沢《かたく》）に趙州従諗は生まれた。その頃（唐代）、喫茶も名実ともに日常茶飯事となっていたのである。

趙州従諗は俗姓を郝《カク》といい、幼少の折に地元の禅寺に出家したが、戒を受けないまま池陽（安徽省）の南泉山禅院を訪ね、南泉普願《なんせんふがん》禅師に見参して悟りを開いたといわれている。その後、具足戒《ぐそくかい》を受けて南泉普願に弟子入りし、各地を行脚して修行していた。

師は80歳で初めて趙州（河北省）の観音院に住持することになった。なんという長い修行であったろう。出家たるものは姓を捨てる。代わりに名前に趙州を付けて呼ばれていた。

そのころの話であった。ある日、教えを求めて遠方より二人の僧がやってきた。師はその一人に「ここに来たことはあるか」と訊いた。「あります」と答えると、師は「茶を飲んできなさい」と言った。今度はもう一人に訊く。その僧は「初めてです」と答えた。そして、師は同じように「茶を飲んできなさい」と言う。側にいた院主（注4）が「どうして来たことのある僧にも、来たことのない僧にもお茶を飲んでこいとおっしゃいますか」とはなはだ困惑していた。すると、師は「院主」と呼んだ。「はい」と答えた院主に、師はまたもや「茶を飲んできなさい」と言った。これが「喫茶去」の由来で、『景徳伝灯録』の巻十に出典が記載されている。

世の中には地位の高低、富の多寡、教育レベルと出身の違い、そして職と経歴の違いによってさまざまな考え方がある。誰もがそれぞれの立場に立って物事を見たり、判断したりするのは常識のように思われている。これが世相である。しかし、師から見れば、このような分別は一切存在しない。来たことのある先輩の僧も、新人の僧も、院主という地位もない。一杯のお茶ですべての執着心を捨ててしまう。平常心とは、この心のことを指しているのである。

こうした喫茶を禅の修行に結びつける師の心は、禅宗の伝来に伴って鎌倉時代に喫茶が再度日本にもたらされたときに継承され、後に茶室が平等の空間と謳歌される「茶の湯」の文化として開花していく。茶は、すなわち禅であると明瞭に言い切ったのは、「茶の湯」文化を作り上げた日本の禅僧たちであった。

1191年、二度目の入宋から帰国した栄西《ようさい》は、茶の種とともに、宋朝きっての臨済宗の高僧である圜悟克勤《えんごこくごん》の公案集『碧巌録《へきがんろく》』と師の墨跡も持ち帰ったといわれている。その墨跡は代々継承され、一休から珠光に開悟の印可として授けられたが、珠光が敢えてそれを茶掛けとしたとき、茶室が禅室に変わったことを意味する。

江戸の禅僧、寂庵宗沢《じゃくあんそうたく》は『禅茶録《ぜんちゃろく》』に次のようにいう。

茶意は即禅意也、故に禅意を舎て外に茶意なく、禅味を知らざれば、茶味も知られず。

(訳)

茶の心は即ち禅の心である。故に、禅の心をおいて他に茶の心はなく、禅の味を知らなければ、茶の味わいも知らない。

これによって、茶の湯は、その作法から茶室のこしらえまで、そのすべてが悟りの境地を目指す禅の修行と同格であると宣言されたことになる。茶禅一味とは、まさにこのことであろう。

ここに至って、唐の百丈懐海が律宗から禅宗を独立させ、禅寺の規則「清規《しんぎ》」に喫茶を導入し、茶礼としてその作法を規範化し、以来、趙州従諗の「喫茶去」を経て、茶室は大乗覚者《かくしゃ》を目指す修行者の禅道場となった。

注1：（P189）謝霊運は六朝の詩人で、不遇の憂さを晴らすために自由放逸な生活を送ったことで有名である。

注2：（P192）蕉葉の夢とは、『列子』にある狩人が芭蕉の葉で狩りした鹿を覆って隠したが、その場所が見つけられなくなり、夢か現か分からない状態になった故事。

注3：（P196）冬至後105日目に火の使用を禁止する中国の風俗。

注4：（P200）住持に次ぎ、寺の実務を執る役僧。

結び　茶文化とは

中国西南部の照葉樹林地帯に生育している茶樹を最初に利用したのが、原住民の少数民族たちであったことは、すでに述べた通りである。我々が知っているより、その茶葉の利用形態が多様で、どれも生活に密着したものばかりであった。茶の葉を食用したり、スープにして飲用したり、また薬草としても使用していたのであろう。

彼らのこうした文化は、後に漢民族の生活圏に入り込み、そして海を隔てた日本にまで伝わってきた。しかし、茶はこれらの地域ではごく一部を除いて、もう食卓に並べられることはない。主として飲用と薬用になっている。

茶は、中国と日本で長い歴史を歩んできた。その歴史の歩みの中で、喫茶は幾多の姿に変身しながら、独特の文化を育んできた。盧仝《ろどう》や陸羽に代表される唐代の煎茶、宋代の闘茶、現代中国の茶芸などは、珠光や利休あたりから成就した日本の茶道とともに東アジアの喫茶文化を奥の深いものにした。

中国と日本の茶を話題に取り上げる際には、その因縁関係から多くの共通点が挙げられる。その一方、文化的差異も歴然としている。これらの差異は、喫茶における美意識の違いから来たものであろう。日中の茶文化を語るとき、この美意識の違いについて検討する必要がある。

岡倉覺三（天心）の『The Book of Tea（茶の本）』（原文は英語、著者名はOkakura-Kakuzo）に、こういう逸話が紹介されている。

ある日、豊臣秀吉が千利休の茶室に来ることになっていた。そこで、千利休は茶室の庭に生えていた朝顔を全部抜いて捨ててしまった。何もなくがらんとしている殺風景な庭を見た秀吉は大変機嫌を悪くしたが、茶室に入ると、床の間に挿してある一輪だけの朝顔が目に映り、はっとさせられたという。

陰陽二元論に基づく調和と対称を重んずる中国人から見れば、美的体系が崩れているようにしか見えないが、千利休は余計なものを捨てて、余白のある空間を作ったことで、「わび」の世界を切り開いた。この日本特有の美意識は、千利休によって最大限に表現されている。

日本の茶室には、一輪の花、または一幅の掛け軸以外はほとんど飾っていない。この非対称的な美意識は、日本の自然に身を置かないと理解することができない。

典型的な純和風の家は、青みがかった黄色の畳に白い紙張りの障子、それに淡い黄緑色に仕上げられた砂壁など、濃淡に富む日本の自然をそのまま持ち込んでいる感じのものが多い。温暖多雨の地域では、冬でも梅や椿などは花を咲かせ、三月下旬から四月上旬になると、ピンク色に染まった満開の桜が起伏している山野を覆う。春雨がしとしと降りはじめるころ、大地はに朦朧《もうろう》たる水煙が立ちこめ、すべてはぼやっとした空気の中に包まれてしまう。明り障子を開け放して畳の上に座り、水幕を透かして目を遠くへやれば、何もかもはっきり見えないが、何かの脈動が感じられる。無限大の自然に心身が吸い込まれていくような気がする。

そういうとき、部屋の中に一輪の花が飾られると、精神がはっとして現実に戻り、心は無我の状態から解放され、ぼんやりとかすむ無形のスクリーンに映し出されたこの自然の結晶に回帰していく。自然の美しさを超越した観念的な「わび」が生まれたのである。

この「わび」は、茶室に飾る一輪の朝顔、またはお絞りを庭の小池にさらさらと浸し、しゅうと軽く絞るとぽたりと落ちる水滴で表現されたとき、芭蕉の「古池や蛙飛び込む水の音」の「さび」に通じる万籟《ばんらい》の余韻を楽しむ閑寂な情趣が感じ取られる。

こうした「わび」と「さび」に代表される日本人の美意識には、しばしば禅の影響が指摘されているが、その中核を成しているのは日本古来の「浄」の思想であるといってよかろう。

『古事記』には、伊耶那岐命が黄泉国《よみのくに》から逃れて、川水で禊《みそぎ》をする話がある。

「吾《あ》はいなしこめしこめき。穢《きたな》き国に至りてありけり。故、吾は御身の禊為《なさ》む」

と言って、伊耶那岐命は川水で全身を清め、そこで身に着けた物を脱いで船戸を始め、十二神が生まれ、身をすすいで八十禍津日神（ヤソマガツヒノカミ）と天照大御神（アマテラスオオミカミ）など十四柱の神が生まれた。創世期の日本人はこのように身体の穢《けが》れを洗い落としたことによって、新しい生命の誕生を迎えたのである。

「浄」の思想は、茶の世界では主に心を清め、余白を作ることで具現されている。余白を求める心は中国の南宗画に代表される文人画にも通じている。両者とも仏教の禅宗から影響を受けながら、日本の場合は古来のこの「浄」の考えが底流を成しているといえよう。厳《おごそ》かで形式的な茶会の作法を通じてだけではなく、一輪の花、一滴の水滴にもその禊の儀式が宿っている。それによって、世塵の穢れが清められ、余韻の胎動を感じるようになったときこそ、「わび」の心が生まれるのである。日本の茶文化をもっとも代表しているのはこの「わび」の茶であろう。

「わび」について、前記の『禅茶録』は仏教の見地から次のように定義している。

不自由なるも不自由なりとおもふ念を生ぜず、足らざるも足らずとの念を起さず、調はざるも調はざるの念を抱かぬを、侘なりと心得べきなり。

(訳)

不自由であっても不自由だと思う気持ちを生じさせず、足りなくても足りないとの気持ちを起さず、調《ととの》わないことにも調わないという気持ちを抱かないことを、侘と心得るべきである。

これに対して、中国の茶文化を支えている美意識は、正反対に五感を満たし、それによる刺激から得ようとするように感じ取れる。たとえば、笠原仲二氏が『中国人の自然観と美意識』で、「中国人のもっとも原初的な美意識は甘という味覚的感動性に起源している」と指摘している。中国茶の根本は味覚的感動性に起源した美意識にあると思われる。

古代の中国人は飲み物を「水」・「醤（ひしお）」・「漿（こんず）」・「醴（あまざけ）」・「醇（濃い酒）」・「酏（薄い酒）」の六種類に分けていた。この六つの飲用物は『周礼《しゅうらい》』では、「六清《りくせい》」と称されている。茶が飲まれるようになると、中国人はまずこの新しい飲み物の味と香りを「六清」と比べる。晋代の張載《ちょうさい》は「登成都白菟楼」と題される詩の末尾に茶を次のように詠んでいる。

…前略…
芳茶冠六清、
溢味播九区。
人生苟安楽、
茲土聊可娯。

（訳）
芳しい茶は六清よりも優れている。
そのすばらしい味は国中にあふれている。
人生はかりそめにも楽に過ごそうではないか、

ここでしばらく楽しもうよ。

このように中国人は、茶に対する認識をその香りと味から覚えた味覚的、嗅覚的感動によって得るのである。しかし、本能の感動にとどまるだけでは、美意識は生まれない。中国人の美意識はそれに触発されて生じた精神の「気」である。

『荘子』（中国戦国時代の書）の「盗跖《とうせき》」では、「気」についてこういっている。

今吾告子、以人之情。目欲視色、耳欲聴声、口欲察味。士気欲盈。

(訳)

今ここで、私はあなたに人間の情感について教える。目は色を見ようとし、耳は声を聞こうとし、口は味を知ろうとする。そうすれば、士気が旺盛になる。

春秋時代に成立された『国語』の「周語」は、さらに「気」の生成原理について次のように論じているについていていう。

口内味而耳内声、声味生気。

（訳）

口の中に味が感じられ、耳の中に声が聞こえると、声と味によって気が生ずる。

『国語』と『荘子』は、人間の本能による積極的な働きが「気」を生み出す原動力であると主張している。この人間本位の考え方が、中国茶の行動的で感性的な美意識を成就させたと考えられるのである。

中国人の喫茶は日本の茶道のように流派に縛られず、ほとんど個人的な行為である。盧仝はそうであった。陸羽は『茶経』で茶の量と客の人数について定めたが、それは茶の味に着眼した規定である。彼の喫茶も個人的であることは、最終章の「略式の茶」を見れば明らかである。明代の文人が、一人で飲んでこそ神妙な精神が得られるとまで論断していることも、前に述べた。したがって、中国茶は特別の茶室がなくても、「品茶」の要諦を心得ていれば、最高の楽しみが得られるのである。

「品茶」は、中国人の美意識を最大限に発揮している。茶人たちは、茶碗に注がれた茶をすぐには飲まず、その色をまず賞玩する。白磁の茶碗に烏龍茶の赤みがかった茶色かジャスミン茶の淡い茶色系の茶湯が入っていると、その色がいっそう明るく輝いて見える。あたかも、一本のろうそくが心の隅々まで照らしているような感動を覚える。透明のグラスなら、碧螺春か西湖龍井のような緑茶を入れる。透き通った淡緑色の茶湯は自然の中に混然と溶け込んでいく。それを見て、心に清爽なせせらぎの音が感じられたら、『周語』や『荘子』が述べた「気」の発生条件が整ってくる。

茶の香りが湯気に乗って鼻にすっと入り、肺腑を通って、脳天に至る。茶湯を口に含み、渋みを帯びた甘味がふわーっと口腔に広がっていく感触をじっくり吟味する。甘い温もりが喉を通ってさわやかな涼意に変わり、心骨を駆け巡る。「神融心酔」して、この上ない爽快な気分になる。気が体中に充満してくるのである。心がしんとして静寂に包まれ、一切の欲望を忘却してしまう。現世の限界を超越したこの瞬間は、「気功」が達したのと同じ境地である。これは、中国人がずっと昔から追求し続けてきた境地である。日本茶の心が自然界を凝縮した「わび」であったのに対して、中国茶の心は五感による感受から来た「気」の一字に尽きるといえよう。

無論、日本と中国ではその他にもいろいろな喫茶があり、飲用方式も単一ではない。しかし、それぞれの文化の根底となっている美意識をもっとも反映しているのは、日本の「わび茶」と中国の「品茶」であろう。茶文化の真髄は、そこにあるのだ。

【付録】

ダグダガゴライビョー
～祖先の古い伝説～

趙臘林（トーアン族）歌唱
陳志鵬　記録・整理（1981年《山茶》第二号に掲載）
孔令敬　日本語訳

序の歌

友よ、兄弟よ
この歌を聴いておくれ
ご飯のときは田植えの辛さを忘れるな
水を飲むときは水源探しの苦労をさとれ
口弦を弾くときは竹を植えた先輩を思い出せ
蘆笙《ふしょう》を吹くときは瓢箪を作った両親に感謝せよ
トーアン族の創世の歌は山岳とともに生まれ
トーアン族の歴史は緩やかな大河のようだ
友よ、しっかり聞き取るがいい
兄弟よ、私の歌に耳を澄ませ
一言も聞き落とすことなく
心の奥までしまっておけ

（一）

昔々、その昔
混沌《こんとん》たる大地が延々と続き
果てしなくうねる泥海には
道もなく川もなく
魚介も昆虫もなく
虎もいなければ鹿もいず
花も草も木も生えていなかった
雷がごろごろと鳴り響き、強風がびゅうびゅうと吹いた
荒れ果てた地上には人間の影すらもなかった

昔々、その昔
きらびやかな天上に
あまねく茂りわたる茶の木があり
みどり滴る茶葉が翡翠《ひすい》のように

鬱蒼《うっそう》と茶樹を優しく抱きかかえながら
脈々と万物の命を伝えてきた
宇宙を漫遊する小舟は茶の魂を乗せて
月日と満天の星と化して生きとし生けるものを生み出した

そして
茶の実がきらきらと光って
燦然《さんぜん》と輝く太陽に
茶の花があざやかにほころびて
煌々《こうこう》たる望月に
数え切れない銀河の星々は
萌え出ずる若葉の瞬きに
真っ白な雲が静かに流れ
そよ風になびくスカーフとなり
真っ赤に染まった夕焼けが
身にまとった華やかな衣装のように

どうして？
向かい合った天空と大地
一方は栄光に満ちて、一方は蕭条《しょうじょう》たる荒れ野に
茶の兄弟は考え込み、茶の姉妹は憂え悲しんだ
茶の末子が一人ぽつんと食事もせず眠りもせず
ぼうぜんと立ち尽くしていた

三百六十五日が経ち
三百六十五年が過ぎた
思案に明け暮れた茶の木が
いらだちに耐えかねて葉を枯らし
鬱憤《うっぷん》に身を焦がして枝をやつれさせた
大いなる至上神が憐れみたまい
兄弟姉妹に問いかけた
お前たちよ

落ち着いて話せ
天上にいる者として邪念を持ってはならぬ
諸諸の災難の元になるぞ
自らの煩悩を断ち切れ

パダゼンの御言葉をかしこんで
九百九十九本の茶がうつむき
九百九十九本の茶が眉をひそめ
九百九十九本の茶が青ざめ
九百九十九本の茶が震え上がり
九百九十九本の茶が冷や汗を流し
九百九十九本の茶がひれ伏した

しじまに包まれた天川のほとりで
一本のか弱い茶の木が立ち上がり
パダゼンに向けて凛然《りんぜん》と顔をあげた

尊敬する我が神さまよ
華やかな天上に暮らしても地上は荒れ果てたままです
わたしは下界に降りて幸多き世界をつくりましょう

すると
鳴り響く梵鐘《ぼんしょう》の音のように
パダゼンはゆっくりと口を開いた
暗黒な地上に降りたいのか
尽きせぬ災難が待っているぞ
苦しみをなめ尽くしたあげく
二度と戻れないかもしれぬ
神の御言葉は
凛冽《りんれつ》たる氷雪のように茶兄弟の身に降りかかり
パダゼンの仰せは鋭いナイフとなって
容赦なく茶姉妹の肌を切り裂いた
どしんと心に落ちてくる

高々と振り上げた鉄槌《てっつい》のように

しかし
若き茶の木だけが堂々と答えた
尊敬するパダゼンさまよ
大地に常花を咲かせんがために
いかなる苦しみにも耐えていきましょう
パダゼンは会心の笑みを浮かべながら
さらにその決意を試して聞いた
本当に覚悟ができたのか、ゆっくりと考えるがよい
地上には万難が待ち構えているぞ
天上の快楽と安寧はもう望めぬ
一万と一本の氷河が漂流し
一万と一山の火山が噴火して
一万と一匹の怪獣が暴れ回っているのだ

若き茶の木はパダゼンの御言葉を聞いて
九十九回瞬きをし、九十九回指折り数えた
そして
心を決めてこう言った
尊敬するわが神様よ
私が下界に降りるためにどうかお手をお貸しくださいませ
その言葉を言い終わるやいなや
一陣の強風が吹きつけて若き茶の木の体を切り裂いた
雷がごろごろと鳴り響き、天門が割れた瓢箪のようになり
飄々《ひょうひょう》とした百二枚の茶葉が大地に舞い降りていった

片々たる茶葉は
吹きすさぶ風に揉みに揉まれて
単葉が五十一人のたくましい若者に変身し
複葉が二十五組と一人の美しき娘に姿を変えた

こうして
茶の木がトーアン族に命を授け
満山の茶園はトーアン族の心を潤した
とこしえから言い伝えられた創世の神話が
一代、また一代と
香ばしい茶香を漂わせていった

（二）

いばえる疾風に飛ばされて、渦巻く砂塵に包まれて
体はぐるぐると回り、目の前が真っ暗になった
夢みる地上の国よ
あなたはどこにありますか
暗黒の世界をさ迷いながら
百二人の少年少女はどん底に落ちていった
悲痛な泣き叫びを聞き、天界の親族が助けにきた

太陽が金の鉢を高く掲げ、明月が銀の皿をかざした
宇宙の群星も手をつないで、茶の子たちを地上へと導いた

見えたぞ
燦々《さんさん》と照り輝く無辺際の原野が
われらを待ち構える新天地だ
兄弟姉妹は抱き合って喜び、うれし涙をぼろぼろと落とした
一滴一滴が無数の小川となり、やがて滔々《とうとう》たる大河に変わった

その流れは止めようにも止められず
地上の国が見る見る波打つ海原に変わった
うなるように吹きまくる強風に身をゆだね
茶の子たちは四方八方に飛びまわされた
東の白波はぱくりと口を開き、西の波頭は鋭い剣を持ち上げ
南の男波は荒々しい拳骨を振り回し、北の荒波はよだれを垂らしていた
陸地を探しまわる旅が延々と続き

時だけが空しく流れていく

幾年も歳月が過ぎ、太陽はこくりと居眠りを始めた
疲れ果てた明月もいびきをかき、満天の星々が瞬きを失った
大空が帳《とばり》に隈なく覆われて、辺りが真っ暗になり
百二人の茶の子が暗闇の海に
助けて！　天界の友よ
助けて！　わが親族よ
兄弟姉妹は必死に助けを求め、その悲鳴が蒼穹をも震わせた
びっくりした星々は目を見張り、驚いた月と太陽は跳び上がった
永遠に悪の闇を駆除せんがために
みなは九千九百九十年考えに考えて
さらに九万九千九百九十年思案に暮れて
ようやくよい方法を思いついた
邪悪な暗黒を追い払うために
順番に明かりをつけるように

臆病な妹の太陽は昼間を照らし
たくましい月の兄は弟の星々を連れて
夜な夜な世界を守り続けることにした
それからというもの、夜と昼は離れ離れになった
それからというもの、明かりが大地を暖め、明るい世の中になった

（三）

悪の闇は消え去ったものの、荒れ狂う洪水の怪獣の怒りはまだ収まらず
茶の子たちの叫び声は響き渡り、ついに大いなる叡智の神の耳に届いた
パダゼンが足を延ばして大地を切り裂くと、洪水は地下に吸い込まれていく
パダゼンが大きく息を吸い込むと、風神が駆けつけて茶の子たちに百万力を与えた
茶葉は積み重なって九万九千九百尺となり
ドーという音とともに天門を押し開けて
疾風の戦車を御して出陣した。

大軍のおもむくところでは洪水は引きあげ
怪獣の消え去った後には陸地が現れた
清らかな体を捧げたトーアン族の祖先が
こうして香《かぐわ》しく肥沃な大地と無尽蔵の宝の山々を生み出した
洪水は地の果てまで押しやられ、無辺際の大地がどこまでもひろがった
苦難を乗り越えた喜びは軽やかな踊りとなり
広野に楽しげな歌声が響き渡った

お前たちよ
雲の端から有頂天の兄弟姉妹の頭上に
またもパダゼンの声が届いた
蒼穹に東西南北の方向があるが故に地上の国に方角ができ
山と川と平野と峡谷があるが故に四つの季節が生み出されるのだ
天国に住まう神ではあるがたまに下界に下りるときには
悶々たる暑さをしのぐためにパダゼンも冷水浴がしたいものぞ

神の叱咤《しった》の声に茶の子は身をすくめ
神のご注文を聞いて茶の子は我に返り
歌と踊りを止めて踵《きびす》を返し
高くそびえる天上の世界に向かって
苦難に満ちた帰郷の旅路についた

延々たる道の伸びる彼方に
噴火した火山のような旅の疲れに耐え
棒になった足を引きずりながら
茶の子たちは一歩また一歩と西方の蒼天を目指して歩いた
途中から兄弟たちは次々と倒れ、姉妹たちははらはらと乱れ落ちた
大空の果てにたどり着いたころには茶の葉が延々と背後に散り積もり
閉まっていた天門に至る道が可憐な落葉に覆い尽くされていた

そのときから
茶の子の落ち葉が

遠ざかりゆく地上の国々の九つの海と十八の湖へと生まれ変わり
そのときから
滴り落ちた茶の子の涙が
無限に広がる大地を流れる千本の大河と一万本の小川となった
そのときから
茶葉の薄く積もったところが野原となり
厚く重なったところは連綿たる群山となった
ひときわ高く積もった西の端が
雄々しくそそり立つ世界の屋根ヒマラヤとなった
大いなる蒼空より一望すれば
陽光降り注ぐ大地は千態万状の美しき世界を描き出していた

兄弟よ、姉妹よ
高ぶる気持ちをおさえて下界の世界に目を凝らすがよい
新生した地上の国々ではまだ四匹の妖魔が暴れ狂っている
その妖魔たちのそれぞれが三つ頭の巨体をぶるぶる震わせ

四つの目玉をぎょろっと光らせ、六本の魔の手を振り回しながら
八つの魔の足で踏みにじっているものは生まれたばかりの赤ん坊大地なのだ

それを見た兄弟たちは勇み立った
それを知った姉妹たちは闘志を燃やした
茶の子たちは手を取り合って立ち上がり奮い立って妖魔との戦いに向かった
赤い魔物が炎々たる火の玉を噴きだした
白い魔物がもうもうと白煙を上げた
黒い魔物が疫病の菌をまき散らした
黄色い魔物が口から毒の弾丸を連射した

魔物たちの容赦ない攻撃に茶の子たちはなす術を知らず
燃え盛る劫火《ごうか》に身を焼かれ空中に蔓延する煙に目をくらませ
強烈な疫病の菌と猛毒を浴びた
気を失って倒れた兄弟を後に残して
やむなく姉妹たちは天界に逃げ帰った

しかし
兄弟たちの安否を気遣って、いても立ってもいられず
妹は指を噛《か》んで血をにじませ
姉は歯を折れんばかりに食いしばった

姉妹たちは目に涙をためて天上の神々に頼んだ
凶暴極まる魔物を倒して受難した兄弟を救ってください
三日月は銀の弓になり、太陽は金の矢になった
天門から神風の力を借り、星々は無数の光の芒《のぎ》と化した
朝焼けは姉妹たちを乗せ、太陽と月は群星を従え
正義の旗を高く掲げて勇敢なる天兵の軍団が勇ましく突き進んだ

金の矢は劫火を射て消し、神風は濃霧を吹き散らし
星々の芒は猛毒を溶かした
稲妻の攻撃を受けた悪疫の菌は瞬く間に消え去った
四匹の妖魔が打ち破れ、四半分に切られた体は十六体の骸《むくろ》と化した

戦場となった原野は清められ
大空は赤色の瑪瑙《めのう》のように輝いた

姉妹たちは兄弟の名を呼び、けがを負ったその身体を撫《な》でた
さらさらと音を立てて流れる清水のように静かに優しく丁寧に
しばらくして兄弟たちは息を吹き返し
ゆっくりと目を開けて両手を広げ、腰をまっすぐにして起き上がった
少女たちは祝いの踊りを始め、少年たちは姉妹との再会の歌を唱い
茶の子たちは再び喜びに浸っていた

しかし
その間に十六体の妖魔の屍《しかばね》が復活し
地上で暗黒の魔風を巻き起こしながら復讐の戦を挑んできた
たちまち兄弟姉妹は妖魔の渦に巻かれ
またもや悪戦苦戦を強いられた
先の戦いを教訓として、平和を壊した悪を根絶せんと

兄弟たちは地上で勇敢に戦い
姉妹たちは天上から全力を挙げて助勢した

三万年を戦い抜いて、一体の屍が粉々にされた
続けて六万年を戦い抜いて、二体の屍が砕けた
さらに九万年を戦い抜いて、残りの屍が全部退治された

兄弟たちは地面に十六個の墓穴を掘り、姉妹たちは十六体の砕けた骸を葬った
地上の世界に五色の土壌があるのは妖魔の死骸で染められたためである
平和な生活は二度と壊されてはならず
楽しい暮らしの明かりは二度と消されてはならない

（四）

大空を彩る虹色の雲が流れ、姉妹を乗せて自由に飛びまわった
うれしい気分は歌と踊りで表し

疲れたらふわふわした彩雲のベッドで休んだ
地上に残った兄弟はそうはいかず、羽織りもなく袴《はかま》もなかった
荒れた地肌をむき出しにした大地の姿が痛々しい

いかにして勝ち取った地上の国々にも色鮮やかな衣裳を着せられるのか
兄弟は焦りに焦り、姉妹は悩みに悩んだ
パダゼンさま、わが神様よ
智慧をお貸しくださいませ
茶の子は切々たる願いを胸に再び天上界に向かった

自らの身骨を打ち捨てれば荒れ地も風光明媚の田園となる
叡智のパダゼンのこの一言に茶の子たちは悟りを開き
一からやり直すために地上界に立ち戻った

兄弟たちは我が身の肉を切り落とし
姉妹たちは我が身の皮膚をむき取った

茶の子の肉が種に変わって大地にまかれ
茶の子の皮膚がひらひらと地上に舞い落ちた
種が発芽してたちまち大樹となり
地面に舞い降りた皮膚が茫々たる草原になった
肉と皮膚を繋ぐ茶の子たちの血管が
幾千本の長い長い蔓《つる》となって大地の樹木に巻きつき
青々とした野原を飾りつけた

兄弟は隅々まで平地を歩きまわり、一丈ほどの背丈が半分に縮んだ
姉妹は丘陵と高山を飛び続け、ふくよかな体はすっかりやせこけた
この世界のために見渡す限りの緑を織り出して
活気あふれる植物を生み出した

東西南北の大地を歩いてはまた歩き続け
東西南北の空を飛んではまた飛び続けた
歩いた道のりは数えきれず、飛んだ空は計り知れない

兄弟の汗が雨のように降り注ぎ
姉妹の生血が渓流のように流れた
汗と血は緑の大地を潤わせて
万紫千紅の百花を咲かせた

緑滴る葉が風になびき、色とりどりの草花が咲き誇った
四季折々にほころびる笑顔を永遠にこの星に捧げるために
茶の子たちは惜しげもなく
地上の植物にいちばん鮮やかな色をつけて
七彩の花々にさまざまな形を与えた

百花繚乱の春の中で
茶の木が自分のために選んだのは
最も質素な色と最も平凡な姿であった
浅緑の萼《がく》と黄色の花蕊《しべ》に真っ白で清らかな花弁が
ひっそりと穏やかに早春の風に揺らいでいる

世の中のもろもろの花が
咲いては散っていき、散ってはまた咲いた
そのあでやかなほほ笑みを一年に一度しか見せぬ
つつましやかに笑む茶の花のたまゆらの命も
しぼんだ後は実を結び、種を根付かせては子孫を残す

大いなる天空よ
甘露の雨を降らせよ、爛々《らんらん》たる陽光を与え給え
茶の子たちは空に祈った
兄弟たちは茶の実を擂《す》りながら
姉妹たちは茶の実を碾《ひ》きながら
そして
茶の実の粉末はそよ風に乗って
あまねく百花に振りまかれた
受粉した百種の花々は百種の果実を実らせた

大きな実があり、愛らしい実があり
丸い実があり、長い実があり
甘味の果肉をもつ実もあれば、甘酸っぱい果汁をもつ実もあった
こうして
うるわしい容貌を百種の果実に譲り、あでやかな容色を百種の果実に与えて
甘美と豊かな風味までも手放して
茶の木が自分のために残したのは
飾り気のない外貌と苦くて渋い味の実であった

友よ、兄弟よ
植物の種類が幾千万にのぼりおいしい果物が世にあふれているも
味わうときは茶のご恩を忘れないでおくれ
茶の子孫は世々代々に栄えて
平野を覆い尽くす青草となり、丘陵を飾りつける大樹となり
亭々として谷間に聳立《しょうりつ》する竹となったのだ

幸せな暮らしをはじめた茶の兄弟姉妹は
疲れたらふんわりした雲の上で休み
腹を空かせたら甘い果物を食べ
暑くなったら木陰で涼をとっていた
こうして九万年の歳月が経ったある日
一陣の黒い風が吹きまくり、幸せに満ちた茶の子たちを引き裂いた

姉妹たちは空高く巻き上げられ、兄弟たちは地面に叩きつけられた
地上に降りようと姉妹は弓のように腰を曲げても降りられず
空に手を届けようと兄弟は棒のように爪先立っても届かなかった
引き離された茶の子たちを後に
黒風があざ笑いながら去っていった

雲上から姉妹たちの涙雨が降りしきる
姉妹たちは離れ離れになった兄弟の名前を呼んだ
あなたと混ざりあった皮膚が万世の木々を抱き

あなたと混ざりあった涙が滔々《とうとう》たる大河を流れた
あなたと混ざり合った血と汗が世の百花を脈打たせ
あなたとともに見た夢が竹林に託されていた
九万回倒れてもまた立ち上がり
九万回死んでもまた息を吹き返し
山際の磐石に刻まれた誓いのように
永久《とわ》の命を捧げてもあなたと一緒にいたい

兄弟たちは何時までも天上を見つめ続けた
そのまなざしは情け深く切ない
血を分けた我が姉妹よ
朝からお前のいる世界を眺め、晩までお前の愛らしい姿を思っているが
千里の眼にも見届けられず、断腸の思いがいっそう増していく
日が暮れたこの世界に姉妹はおらず、黄昏《たそがれ》の風だけが静かに吹いている
お前を思いしのんで顔がやつれ、待ち焦がれた心が泣いている
九万回倒れてもまた立ち上がり

九万回死んでもまた息を吹き返し
永久の使命を背負って茶の子の実を結びたい

引き離された兄弟姉妹の哀願に
大いなるパダゼンは胸を打たれ
天門を出てこられてこう諭した
天地をつなぐ道が九十九本もあれど、怠け者は無策を嘆くだけだ
神の御言葉は迷いを覚まし、心に四面の窓が開けられたようだ

姉妹の手をつかもうと兄弟たちが上へと飛び上がり
兄弟の手をとらえようと姉妹たちが雲を下へと押した
それから何年も経ったけれど
茶の子は雲海に隔てられたままであった

姉妹は雲を紡いで糸にした
兄弟は四方から土をかき集めた

糸は撚られて縄となり、土は盛られて高台となった
兄弟を引っ張り上げようと雲の縄は九百丈もなわれたが
風が吹くと無残に切れてしまう
姉妹を地上へ迎えようと土の高台は九百丈も積み上げられたが
雨が降ると崩れ落ちて跡形もない

縄がなわれては切れて、五千年の歳月が流れた
土台が築かれては崩れ、さらに五千年が過ぎた
離れ離れになった茶の兄弟姉妹は、いつになったら会えるのか

兄弟は高い山の頂上まで登り
大きな木の枝に立って長い長い真竹を差し伸べたが
姉妹との距離は八百丈もある
十八の岩山からあまたの岩を削り取って高い高い石段を積み重ねたが
雲の端には遠く届かぬ

ありたけの手を尽くしても
九十九の道はどこにあるのか頭を絞っても思いつかず
疲れ果てた兄弟たちは
いら立つ気持ちを鎮めようと森々たる大樹の陰に入った

そよめく春風と戯れて気晴らしに
末子のダーレンが山藤の蔓をまるめ輪を作ると輪投げをして遊び出した
青草に向けて軽く投げ、離れた小枝を目掛けて遠く飛ばし
ついには頭の上に向けて力一杯投げると、低く垂れた雲に引っ掛かった

ふと名案を思いついてダーレンが全身の力を奮い
蔓の輪を天空高く投げかけると、姉妹のアーレンをとらえた
森の静寂を破った歓声が寝ていた兄たちを目覚めさせた
兄たちは飛び起きていばらを開き、大樹にまつわる蔓を切り取った
あっという間に五十個の輪が出来た

空をゆったりと流れる白い雲を目掛け
兄弟たちの投げ輪が一斉に飛び上がった
輪と輪が掛け合わさって瞬時に繋がり
天と地をつなぐ蔓の懸け橋となった
橋を渡って五十人の天女が舞い降りて
地上の勇者が迎えの腕を大きく広げた
この再会の喜びを
天地をつなぐ神秘の蔓に捧げたい

（五）

再会を果たした兄弟姉妹は
光に満ちた大地を踏みながら連れ立って遊歴の旅に出た
ところが物静かな川辺で水浴びをすると、川の単調な流れに物足りなさを覚え
山麓に広がる深々たる森を通ると、繁茂する植物に昼間の淋しさを告げられ
闊達《かったつ》な岩根にも夜中の孤独を訴えられた

そこで
茶の子たちは粘土をこねあげると
千切っては河川という河川にまき
千切っては山林という山林にまいた
谷川に落ちた粘土が幾千万種の魚介となって泳ぎ出し
山野にまかれた粘土が幾千万種の駆け回る動物となり
樹林に降った粘土が大空を飛翔する幾千万種の鳥類となった

活気づく谷川は昼も夜も歓喜の声を上げ
原野の百鳥が茶の子を飛び回りながら歌い
山林の百獣が茶の子を囲んで踊りはじめた
鳥たちの歌声が心の琴線に触れ
獣たちの踊りは兄弟姉妹の足取りを誘った
姉妹たちは一曲また一曲と 賛美の歌を万世の大地へ捧げ
兄弟たちも一曲また一曲と軽やかに踊って万物の繁栄を祝福した

美しい歌声が青い山々に響き
軽快な踊りは自らを奮い立たせた
ますます興に乗った兄弟と姉妹は
とうとう腰に付けた蔓の輪を外してしまった
外された輪はたちまち森の中へと消え去り
身軽になった姉妹たちも踊りに加わった
逢瀬《おうせ》を過ごすダーレンとヤーレンだけが蔓の輪を付けたままでいた

少年たちは踊りにいっそう気が乗り、少女たちも負けじと張り切った
どこからともなく一陣の清い風がそっと忍び寄ったのにも気がつかず
ふわりと空へ吹き上げられて
姉妹たちはまたもや雲上の世界に

そのときから
五十人の少女は永遠に天上で暮らし

五十人の少年と二度と会うことはなかった
そのときから
ダーレンとヤーレンが相思相愛の夫婦となり
トーアン族の女は藤蔓の輪を着けるようになった

二人は岩の洞窟に住み始め
どれくらい日の出を迎え、夕焼けを眺めたことだろう
寄り添って見上げた夜の帳には
満月が昇っては欠けていき、新月が出てはまた満ちていった
いつの間にか二人のあいだに息子が生まれ、娘が生まれて
いつの間にか二人には孫が誕生し、ひ孫も生まれた
いつの間にか増え続けた子孫たちが小さい洞窟から大きい洞窟に住み移り
いつの間にか古里の岩という岩は住み着いたトーアン人でにぎわっていた

世々代々の子孫繁盛のために彼らは永住の家を建てることに決めた
竹を運んできて家屋の骨組みをつくり、茅を刈っては屋根を葺いた

森と山から連れ帰った動物が家畜の豚と牛と羊となり
水辺と草原の鳥は飼い慣らされて家禽《かきん》の鶏と家鴨となった
そして
選りすぐられた植物の種子が暮らしの糧の五穀へと変わった

友よ、兄弟よ
一刻たりとも忘れてはいけない
祖先の数々の苦労があってこそ、いまの幸せな暮らしがあるのだ
巨樹をくり貫いて太鼓にし
瓢箪を植えて蘆笙《ろしょう》を作り
真竹から吐良《とりょう》と口弦が生みだされ
打ち延ばされた黄銅が鏺《はつ》と鋩《ぼう》になった
緑豊かな土地を開いてくれた祖先の恩恵を
いつまでも讃え続けよう

人類が倒した妖魔の数は、河原の砂利のごとく数えきれず

人類が乗り越えた苦難の数は、繁茂する樹木の葉っぱのようだ
世界の安寧を目の当たりにし
気を狂わせた邪悪な風魔が
地上のあらゆる命を潰そうと
天を覆う黒い風を捲き起こした
山野の植物が吹き砕かれ、草原の動物が吹き倒され
川という川が逆流し、山という山が揺れた

一人で立ち上がろうとして十里も吹き飛ばされ
二人で受け止めようとして十丈も放り出された

ダーレンとヤーレンの子孫は
百人一組で肩を組み、強固な防風林となった
何百組の子孫が手を取り合い
暴れる風魔を幽谷に封じ込め
荒れる暴風を海へ追い出した

一人の力では邪悪を退治できず
団結してこそ永久《とわ》の平和が保たれる
この青い星に広がる大地の上で
さまざまな植物が生育し、さまざまな民族が暮らす
異なる皮膚の色を持ち、異なる言葉を話しても
同じ祖先を持つ兄弟と姉妹である

友よ、兄弟よ
見渡す限りの万国の大地に
撒かれた種が力強く芽生え
すくすくと成長していくように
互いに通じ合う真心を込めて
友愛の精神を持って助け合おう
ダグダガの功績を高らかに讃え
創世の苦労を忘れないためにも

苦いお茶をみんなで飲もう
苦難と魔物があふれるいばらの道も
ダグダガゴライビョーを
心の奥にしまっておけば
バラ色に輝く生活になるのだ

注1：（P214）口弦は、竹を細く削って中央に溝を設けた薄片のリードで、口元に持って指で弾いて音を出す。古くから中国各地に見られる古楽器。
注2：（P214）蘆笙は、瓢箪が胴体の笙の一種で、西南少数民族の間で広く使われている楽器。
注3：（P218）パダゼンは、トーアン族の至上神で、智慧の化身である。
注4：（P247）吐良は、西南少数民族の竹笛。竹の中央に吹き口を開け、指口がなく、竹の両端を抑える手の調節でメロディーを奏でる。
注5：（P247）鐃は、西南少数民族のシンバルのような打楽器で、鉦は西南少数民族の銅鑼。
注6：（P250）ダグダガゴライビョーは、トーアン語で祖先の歌の意味。

【参考文献・参考論文】

①呉覚農『茶経述評』農業出版社 1987年
②陳祖槼・朱自振『中国茶葉歴史資料選輯』農業出版社 1981年
③兪寿康『中国名茶志』農業出版社 1982年
④梅棹忠夫・守屋毅『茶の文化その総合的研究』淡交社 1982年
⑤荘晩芳『中国茶史散論』科学出版社 1988年
⑥王玲『中国茶文化』中国書店 1992年
⑦矢沢利彦『東西茶交流考』東方書店 1989年
⑧袁旃・劉玉芬『三希堂茶話』国立故宮博物院 1985年
⑨竹貫元勝『日本禅宗史』大蔵出版 1989年
⑩日比野丈夫『世界史年表改訂新版』河出書房新社 1989年
⑪高橋忠彦『中国茶の基礎知識』東京中国茶文化研究会 1994年
⑫ヴォルフラム・エーバーハルト著『中国文明史』大室幹雄・松平いを子訳 筑摩書店 1991年
⑬布目潮渢『中国茶書全集』汲古書院 1987年
⑭呉覚農『中国地方誌茶葉歴史資料選輯』農業出版社 1990年
⑮山口益・横超慧日『仏教学序説』平楽寺書店 1961年

【参考文献・参考論文】

⑯林左馬衛・安居香山『茶経付喫茶養生記』明徳出版社 1974年
⑰孔令敬『古代中国の喫茶とその呼称について』中国学研究 1999年
⑱孔令敬『禅清規における礼の表現形式と喫茶』大正大学大学院研究論集 1995年
⑲笠原仲二『中国人の自然観と美意識』創文社 1982年
⑳今道友信『日本人の美意識』教学研究社 1981年
㉑倉野憲司『日本古典文学大系』所収『古事記』岩波書店 1958年
㉒楠山春樹『新釈漢文大系』所収『淮南子』明治書院 1967年
㉓市川安司『新釈漢文大系』所収『荘子』明治書院 1967年
㉔大野峻『新釈漢文大系』所収『国語』明治書院 1975年
㉕劉昭瑞『中国古代飲茶芸術』陝西人民出版社 1987年
㉖上海古籍出版社編『中国文化史三百題』上海古籍出版社 1987年
㉗千宗室『茶の湯歳時記事典』平凡社 1990年
㉘陳宗懋『中国茶経』上海文化出版社 1992年

【茶文化史年表】

西暦年号（中国／日本）	
前11世紀頃（周／縄文）	巴の国から宗主国の周への献上品に「茶」がある。
前220年頃（秦代／弥生）	中国最古の辞書『爾雅』に茶の古名「檟」の語が見える。
前59年頃（前漢／弥生）	前漢、王褒が著した『僮約』に蜀の国の喫茶について記されている。
250年頃（三国／古墳）	魏、張揖の撰による辞書『広雅』に荊（湖南）の餅茶とその飲法を伝えている。
319年（五胡十六国／古墳）	後趙の僧、単道開が坐禅中に茶を飲用。
	このころ、中国の寺院で茶樹の栽培が始まる。
713年（唐／奈良）	このころ、泰山霊巖寺の僧、降魔禅師が山東で禅を広め、茶の飲用を勧奨する。
	このころ、喫茶が北方に広まる。
732年（唐／奈良）	唐・陸羽、龍蓋寺の智積禅師に引き取られ、寺院で育ち、茶事を習う。
749年（唐／奈良）	懐海が生まれる。江西の百丈山で「清規」を制定し、寺院茶礼の濫觴となる。
760年（唐／奈良）	陸羽、『茶経』を著す。餅茶による煎茶の飲法が規範とされ、世に広がる。
780年（唐／奈良）	唐、茶税を課し始める。
790年（唐／奈良）	このころ、ウイグルとの茶馬交易が始まる。喫茶が西域に広がる。
	チベット王族の喫茶もこのころから。
800年（唐／平安）	陸羽、没する。

【茶文化史年表】


805年（唐／平安）劉禹錫の詩に釜炒りの葉茶が詠まれる。

806年（唐／平安）最澄、唐国より日本に帰国。このころ、餅茶が日本に招来される。

807年（唐／平安）空海、帰国。茶種を将来する。

815年（唐／平安）唐・元和年間から、「荼」が「茶」に書き改めらた。茶の字が成立する。

永忠が梵釈寺で嵯峨天皇に煎茶を献ずる。

このころ、近畿地方に茶樹が植えられた。

824年頃（唐／平安）唐の張又新、『煎茶水記』を著し、天下の水を論ずる。

867年（唐／平安）このころ、臨済義玄没、『臨済録』に点茶の飲法が見られる。

873年（唐／平安）懿宗、長安法門寺に金製の茶具を納める。

馮贄の『記事珠』に福建の闘茶について記されている。

894年（唐／平安）日本、遣唐使を廃止する。このころから餅茶による喫茶法が廃れる。

907年（五代十国／平安）唐、滅ぶ。中国、五代十国に入る。

935年（後蜀／平安）このころ、蜀の毛文錫は『茶譜』を著す。

937年（南唐／平安）南唐、建国する。このころ、福建北苑の官製茶が始まる。

南唐では片茶が創製される。

951年（南唐／平安）僧空也、このころ貴賎を問わず茶を施す。

960年（北宋／平安）北宋、建国。

964年（北宋／平安）北宋、茶の専売局を設置する。

970年（北宋／平安）　良源、延暦寺にて煎茶を禁ずる。

979年（北宋／平安）　宋、中国を統一。

　　　　　　　　　　このころより、北苑の献上茶を再開。

1064年（北宋／平安）　宋の蔡襄、『茶録』を呈上し、福建北苑茶園での団茶製造と点茶法を紹介する。

　　　　　　　　　　このころ、宋の朝廷では白茶を尊ぶ。

1068年（北宋／平安）　宋子安の『東渓試茶録』はこのころに完成。

1086年（北宋／平安）　このころ、黄儒の『品茶要録』が完成する。

1103年（北宋／平安）　『禅苑清規』が完成。現存清規の中で最古とされ、寺院茶礼の規範が記されている。

1107年（北宋／平安）　徽宗、『大観茶論』を著す。茶筅の使用が見られる。

　　　　　　　　　　このころの献上茶には固形茶の「片茶」と葉茶の「散茶」の二種類がある。

　　　　　　　　　　松源和尚、茶兼禅味を説く。

1115年（北宋／平安）　このころ、北苑茶園に茶三万本を新たに植える。

1121年（北宋／平安）　このころ、熊蕃の『宣和北苑貢茶録』が完成する。

1127年（南宋／平安）　宋、南渡して都を南京に置く。

　　　　　　　　　　このころ、葉茶が流行する。

1138年（南宋／平安）　南宋、杭州に遷都する。

　　　　　　　　　　茶に花の香りを付ける工夫もこのころから見られる。

【茶文化史年表】

1186年（南宋／鎌倉）	趙如礪、『北苑別録』を著す。
1191年（南宋／鎌倉）	栄西、宋から帰国。宋から茶種を持ち帰り、筑前背振山の石上坊に植える。 この時期に、日本人の留学僧及び中国人の来日僧が宋代寺院の点茶法を招来する。
1207年（南宋／鎌倉）	このころ、明恵上人、栄西より茶種を贈られ、高山寺の栂尾山に植える。 このころから、日本には寺院茶園が出現し、栂尾茶を本茶とする。
1211年（南宋／鎌倉）	栄西、『喫茶養生記』を著し、将軍の源実朝に呈上。宋代の蒸し製葉茶の製茶状況を紹介し、喫茶の効用を説く。
1267年（南宋／鎌倉）	南浦紹明、宋より帰国。留学した径山寺より茶道具を将来。
1279年（元／鎌倉）	南宋、滅ぶ。元、中国を統一。
1313年（元／鎌倉）	このころ、王禎が『農書』を著し、葉茶の製法を記す。中国の喫茶は「点茶」から「淹茶」に変わる。
1330年（元／鎌倉）	このころ、忽思慧の『飲膳正要』に元ではやるバター茶や炒り茶などが登場。
1326年（元／鎌倉）	清拙正澄が来日。中国禅林の清規を日本で励行し、寺院茶礼を行う。
1338年（元／室町）	『勅修百丈清規』が完成。寺院茶礼の作法は相変らず「点茶」式による。
1368年（明／室町）	明、建国。元、滅亡。
1391年（明／室町）	明の太祖は団茶の製造を廃止し、献上茶はすべて葉茶になる。 このころより中国茶は蒸し製法から釜炒リ製法に移行する。

このころより「黒茶」の製造が見られる。

1440年（明／室町） 朱権の『茶譜』などに「花茶」製法の詳細が記されている。

1474年（明／室町町） 茶人の珠光、茶禅一味を主張し、大徳寺に参禅する。一休から宋僧圜悟克勤の墨跡を与えられる。

1549年（明／室町） 茶人の紹鴎、大徳寺に参禅し、一閑居士の号を与えられる。

1585年（明／安土桃山） 茶人の利休、大徳寺に参禅する。

1588年（明／安土桃山） 山上宗二、『山上宗二記』を著す。

1589年（明／安土桃山） イエズス会の宣教師たちにより、中国茶が欧州に紹介される。

1597年（明／安土桃山） このころ、許次紓、『茶疏』を著し、釜炒り製茶を詳しく記す。釜炒り製茶が広がる。

このころから福建で烏龍茶の製造が始まる。

1610年（明／江戸） オランダ商人、マカオから茶を輸入し始める。

1616年（明／江戸） 中国茶、デンマークまで販路が広がる。

1618年（明／江戸） 明の特使がロシアに入り、ロシア皇帝に中国茶を贈る。

1654年（明／江戸） 隠元を始め、多くの明僧が来日。明僧達は淹茶法を将来し、日本の煎茶道の成立に貢献する。

1657年（明／江戸） 中国茶、フランスで販売される。

1658年（明／江戸） イギリスに中国茶が輸出される。

【茶文化史年表】


1662年（清・康熙／江戸）このころ、中国では紅茶の製造が始まる。

清、明を滅ぼし、中国を統一。

1690年（清・康熙／江戸）このころ、欧州の宮廷で喫茶の風習が広がる。

1699年（清・康熙／江戸）立花実山、『南方録』を書写する。

1734年（清・雍正／江戸）イギリスの広東貿易開始。

1742年（清・乾隆／江戸）陸廷燦、『続茶経』を刊行する。

1757年（清・乾隆／江戸）遠藤元閑、『茶湯六宗匠伝記』を刊行。

茶など対欧州貿易の税関は広東に一本化される。

1774年（清・乾隆／江戸）イギリス東インド会社、中国にアヘンを密輸し、茶の買い付け資金を調達する。

1785年（清・乾隆／江戸）大典顕常、『茶経詳説』を刊行。

中国皇后号（Empress of China）がニューヨークに到着、中国茶がアメリカに運ばれる。

1828年（清・道光／江戸）寂庵宗沢、『禅茶録』を刊行。

1832年（清・道光／江戸）清政府、「禁阿片章程」を発布し、アヘンを厳禁する。

1839年（清・道光／江戸）林則徐、イギリス商人を追放、アヘン2万箱を焼却。

1840年（清・道光／江戸）アヘン戦争勃発。

1842年（清・道光／江戸）このころ、インドのアッサム地方で茶樹の栽培に成功する。

1861年（清・咸豊／江戸）湖北省漢口でロシア商人による固形茶加工工場が設立。

1896年（清・光緒／明治）福建省福州市で福州機器造茶公司が設立され、機械による製茶が始まる。

1907年（清・光緒／明治）中国茶葉協会、ロンドンで発足。

1915年（中華民国／大正）サンフランシスコ万国博覧会で中国茶の「太平猴魁」「婺緑」「恵明茶」が受賞。

1949年（中華人民共和国／昭和）中国茶葉公司、北京にて設立。

1956年（中華人民共和国／昭和）安徽省と浙江省の農業大学に茶葉学部が開設される。

1958年（中華人民共和国／昭和）中国農業科学院茶葉研究所、杭州にて設立。

1060年（中華人民共和国／昭和）中国茶葉特産輸出入総公司設立。

1963年（中華人民共和国／昭和）雲南省勐海県巴達大黒山にて樹齢1700年の野生大茶樹を発見、茶樹王と命名される。

1985年（中華人民共和国／昭和）中国茶葉輸出入公司、浙江省茶葉公司と日三明物産株式会社が浙江省三明茶葉公司を設立。

1986年（中華人民共和国／昭和）日本東京医科大学の諸岡妙子教授が陸羽の『茶経』癸酉本を湖北省天門県にある陸羽記念館に寄贈。

あとがきに代えて

本書は、孔令敬著『茶の文化史　―神話の世界から五感の世界へ―』の出版を実現することを目的に、制作、経費の工面、販売・普及活動等の活動に賛同する者が集まり、『茶の文化史』刊行委員会を組織して出版したものである。

本書『茶の文化史』は、２００２年に日本放送出版協会より刊行され長らく品切れとなっていたNHKブックス『中国茶・五感の世界―その歴史と文化』を底本としつつ、この間の茶の文化史の研究成果を踏まえて新たに加筆した改訂新版である。

本書の出版までの経緯を振り返ると、二つの大きな動機が始まりとなっている。一つは、中国茶・台湾茶はじめ日本茶や紅茶などのお茶の愛好家から、前出の『中国茶・五感の世界』の再出版を希望する声が大きかったことである。このことは、これまで日本において多くの関連書籍が出版されているにもかかわらず、読者の要求に適った専門書が極めて少ないことを意味している。

二つには、中国で刊行された月刊誌『山茶』第二号で紹介された中国少数民族・トーアン族の神話『ダグダガゴライビョー』との出会いである。この神話は孔令敬氏によって初めて日本語に翻訳、紹介された。「茶」の起源をこれまでほとんど触れられることのなかった中国少数民族の神話から説き起こし、茶の文化史の新たな世界に光を当てることになった。

本書では、あまたある歴史書・茶書の原典を典拠に、茶の歴史の各時代の変遷をわかりやすく簡潔にまとめている。さらに、茶の伝来による日本とのつながりや、歴代の茶書や詩文から喫茶の精神性を掘り下げるなど、多岐にわたる茶の文化史をバランスよくかつ簡潔に記述している。

このような書籍を刊行することは、大変有意義であると考え、刊行委員会への賛同者を広く募り、刊行を実現した次第である。

なお、刊行にあたり数多くの方のご支援、ご協力をいただいた。特に、有限会社ハイフォン、有限会社鷗出版および有限会社七賢工房の三社には具体化するにあたってそれぞれの分野で負うところが多い。近藤直子氏には校閲の労をたまわった。記して感謝の意を表したい。また、任意団体「茶友の会」の多くの会員には、刊行委員会に名を連ねていただいた。本書の普及に当たって、ご尽力を切にお願いしたい。(土井秀夫)

『茶の文化史』刊行委員会
代表　横山　透
委員　(五十音順)
青柳　あゆみ　　上原　美奈子
碓井　洋子　　小野　久美子

加藤　多都子
鎌田　弘子
川崎　充通
川俣　良実
北澤　洋子
北原　佳子
工藤　千鶴
孔　令敬
近藤　直子
佐々木　真弓
宍戸　佳織
津田　美起子
土井　秀夫
根目沢　香奈江
畠山　玲子
宝迫　典子
村山　由美子
安田　薫子
山本　和恵

（2021年1月）

［著者略歴］

孔 令敬（こう　れいけい）

1956年、中国北京生まれ。北京外国語大学日本語学科、同大学院言語文化研究科を経て、同大学専任講師を10年間勤務。1990年に来日後、茶と仏教文化を専門とする。現在は東京の諸大学で講師を務める傍ら、「茶友の会」で茶文化の交流活動に参加している。

主な著書と論文に、『中国茶・五感の世界――その歴史と文化』（NHKブックス）、『レストラン・お店で使う　英中韓3か国語きほん接客フレーズ』『ホテル・旅館で使う　英中韓3か国語きほん接客フレーズ』（以上共著、研究社）、「仏教における喫茶の成立と展開」「福建製茶の沿革と青茶の製造年代について」「禅清規における礼の表現形式と喫茶」「茶経と喫茶の変遷」「中日の茶文化における美意識について」「古代中国の喫茶とその称呼について」などがある。

茶《ちゃ》の文化史《ぶんかし》　神話《しんわ》の世界《せかい》から五感《ごかん》の世界《せかい》へ

二〇二一年二月二十五日　初版第一刷発行

著　者　孔　令敬

発行者　小川義一

発行所　有限会社鷗出版

千葉県松戸市小金四四七－一－一〇二

〒二七〇－〇〇一四

電話　〇四七－三四〇－二七四五

ＦＡＸ　〇四七－三四〇－二七四六

組　版　有限会社ハイフォン

装　幀　保田　薫

印刷製本　株式会社シナノパブリッシングプレス

ISBN978-4-903251-18-9　C1076

定価はカバーに表示してあります

乱丁・落丁本は直接小社までご返送願います。

小社送料負担でお取り替えいたします。

鷗出版ホームページ http://www.kamome-shuppan.co.jp